EDMOND RENAUDIN

DICTIONNAIRE DES RUES

QUAIS, AVENUES, BOULEVARDS, PASSAGES
PLACES, CARREFOURS, ETC.

AVEC

LA CONCORDANCE DES NOMS ANCIENS ET DES NOMS NOUVEAUX

COMPRIS DANS LES DÉCRETS DE 1864 ET 1865

Extrait de PARIS-EXPOSITION ou GUIDE A PARIS EN 1867

PARIS
CH. DELAGRAVE ET Cie, LIBRAIRES-ÉDITEURS
78, RUE DES ÉCOLES, 78

1867

RUES NOUVELLEMENT DÉNOMMÉES (décrets des 19-24 août 1864, 2 octobre 1865)

ANCIENS NOMS.	NOUVEAUX NOMS.	ANCIENS NOMS.	NOUVEAUX NOMS.
Alger-Chapelle	Affre.	Echaudé-Marais	Debelleyme.
Alma (boul. de l')	Bosquet, Duquesne.	Église (r. de l')	Cler.
Alma-Belleville	Eupatoria.	— (pl. de l')	Lassus.
Amandiers-Ste-Genev.	Laplace.	— Vaugirard	Gerbert.
Amboise-Montrouge	Thibaud.	Egout-Auteuil	Callot.
Amélie-Montmartre	Puget.	Empereur-Montmartre	Lepic.
Angoulême-St-Honoré	Morny.	Entrepôt-Grenelle	Rouelle.
Antin-Batignolles	Biot.	— Villette	Bellot.
Arcade-Montmartre	Androuet.	Est-Montmartre	Cugnot.
Arcades-Ternes	Bayen.		
Arts-Auteuil	Géricault.	Ferdinand St-Maur	Morand.
Austerlitz-Invalides	Fabert.	Fidélité	Sibour.
Austerlitz-St-Marcel	Esquirol.	Florentine	Coustou.
		Fontaine-Auteuil	Gros, La Fontaine.
Baran (pass.)	Ginoux.	— Passy	Lekain.
Bassins	Copernic.	— Belleville	Borrego.
Bayard-Invalides	Hoche.	— (sentier)	Raffet.
Beauregard (imp.)	Compans.	Fortin-Batignolles	Beudant.
Beauregard-Martyrs	Lallier.	Fossés-Montmartre	Aboukir.
Beauvau-St-Antoine	Beccaria.	— St-Victor	Thouin.
Bel-Air-Passy	Lauriston.	Fourcy-Ste-Geneviève	Thouin.
Belleville	Hautpoul.		
Bellevue	Chalgrin, Traktir.	Gaîté-Montrouge	Vandamme.
Benoît	Musset.	Garde-Batignolles	Gauthey.
Biron	Humboldt.	Gare-Batignolles	Tarbé.
Blanche-Passy	Greuze.	— Bercy	Corbineau.
Bons Enfants-Auteuil	Désaugiers.	Glacière-Passy	Pajou.
Bouchers-Passy	Chalgrin.	Grand-Montrouge	Friant.
Bourbon-Villeneuve	Aboukir.	Grange-aux-Merciers	Nicolaï.
		Grenelle-Grenelle	Alain-Chartier.
Calais-Villette	Rouvet.	Grès	Cujas.
Carrières-Passy	Nicolo.		
Carrières-Vaugirard	Lacretelle.	Halles-Centrales	Pierre-Lescot.
Chabrol Chapelle	Philippe de Girard.	Havre-Villette	Riquet.
Champ-de-Mars (av.)	Rapp.	Hôpital	Harvey.
Champs-Élysées (r.)	Boissy-d'Anglas.		
Chapelle (av.)	Philippe-de-Girard.	Industrie-Grenelle	Emeriau.
Chapelle (rue de la)	d'Alembert.	Isly (pass.)	Kabylie.
Chapelle-Villette	Riquet.	Isly-Villette	Tanger.
Charlot-Montrouge	Poinsot.	Ivry	Titien.
Chastillon	Vicq-d'Azir.		
Chaumière-Ternes	Laugier.	Lecante	Richomme.
Chaussée Clignancourt	Ramey.	Lelong	Viala.
Chaussée de la Muette	Prudhon.	Lille	Argonne.
Chemin du Bac	Clisson, Baudricourt.	Limoges	Debelleyme.
— des Dames	de Maistre.	Lombard	Rennequin.
— de Lagny	Bouvines.		
— des Marais	Michel Bizot.	Marais-St-Germain	Visconti.
— de la Poterne	Olivier-de-Serres.	Madeleine	Pasquier.
— du Pré St-Gerv.	Petit.	Marché-aux-Chevaux	Duméril.
— des Vaches	Lournel.	Mazagran-Chapelle	Laghouat.
— de Valenciennes	Corial.	Ménilmontant	Oberkampf.
— de Versailles	Galilée.	Miracles (imp.)	Lancret.
Chemins-Verts	Nicolaï.	Mogador-Villette	Maroc.
Cimetière	Gondi.	Montagne-Passy	Beethoven.
Clos-Passy	Claude Lorrain.	Montmorency	Donizetti.
Cluny	Victor Cousin.	Montyon-Montrouge	Mouton-Duvernet.
Collège	Ollier.	Moulins-Passy	Pétrarque.
Collège L.-le-Gr. (pl.)	Gerson.	— Javel	Leblanc.
Contrescarpe	Blainville.	— Passy	Scheffer.
Corderie-St-Hon. (r.)	Gomboust.	Murs de la Roquette	Mercœur.
Couronnes-Chapelle	Polonceau.		
Croix-Boissière	Decamps.	Napoléon-Belleville	Palikao.
Cuissard	Hérold.	Neuve-Bois-le-Vent	Talma.
		— Bon-Puits	Pajol.
Dames-Montmartre	de Maistre.	— Breda	Clausel.
Dauphine	Bugeaud.	— Bretagne	Froissart.
Dépotoir	Petit.	— Brezin	Niepce.
Douze-Portes	Veilhardouin.	— Champ-d'Asile	Deparcieux.
		— Église Passy	Jean-Bologne.
École (pl. de l'anc. É.)	Cambronne.	— Embarcadère	Poussin.
— Vaugirard	Cambronne.	— Labat	Simart.
Écoles	Vitruve.	— Ménilmontant	Commines.

DICTIONNAIRE DES RUES
QUAIS, AVENUES, BOULEVARDS, PASSAGES, PLACES, CARREFOURS, ETC.

(Voir, ci-contre, le Tableau des noms modifiés par les derniers décrets.)

ARR.	VOIES PUBLIQUES.	TENANTS.	ABOUTISSANTS.
6	Abbaye (rue de l')	r. de l'Échaudé	r. Bonaparte.
18	Abbaye (pl. de l')	r. de l'Abbaye	r. de la Cure.
6	Abbaye (pass. de l')	r. du Four	r. Gozlin.
18	Abbaye (r. de l')	pl. de l'Abbaye	ch. des Martyrs.
5	Ab. de l'Epée (r. de l')	boul. St-Michel	r. St-Jacques.
10	Abbeville (r. d')	pl. Lafayette	r. de Rocroi.
2	Aboukir (rue d')	pl. des Victoires	r. St-Denis.
17	Abreuvoir (r. de l')	r. de la Saussaye	r. des Brouillards.
18	Acacias (r. des)	ch. Clignancourt	ch. des Martyrs.
17	Acacias (r. des)	av. de la Gr.-Armée	av. des Ternes.
18	Afre (rue)	r. de Jessaint	r. Constantine.
16	Aguesseau (pl. d')	r. Molière	r. Verdelet.
8	Aguesseau (r. d')	faub. St-Honoré	r. de Suresnes.
1	Aiguillerie (r. de l')	r. St-Denis	r. Ste-Opportune.
15	Alain Chartier (r.)	r. Blomet	Grande-Rue.
8	Albe (rue d')	av. Ch. Élys.	r. François 1er.
10	Albouy (r. d')	r. des Marais	r. des Vinaigriers.
14	Alembert (r. d')	r. Nve-Tombe-Issoire	r. Hallé.
1	Alger (r. d')	r. de Rivoli	r. St-Honoré.
10	Alibert (r.)	q. de Jemmapes	r. Parmentier.
12	Aligre (r. d')	r. de Charenton	pl. de M. Beauveau.
19	Allemagne (r. d')	r. Lafayette	boul. Serrurier.
7	Allent	r. de Lille	r. de Verneuil.
15	Alleray (r. d')	Gr.-Rue	r. de la Procession.
8	Alma (av. de l')	av. des Ch.-Elysées	av. de l'Empereur.
7	Alma (b. de l')	av. Lowendall	av. Lamotte-Piquet.
16	Alma (r. de l')	Gr. r. d'Auteuil	boul. Murat.
19	Alouettes (r. des)	r. de la Villette	sq. des Buttes.
20	Amandiers (r. des)	b. des Amandiers	r. Ménilmontant.
11	Amand.-P. (r. des)	r. Popincourt	barr. des Amandiers.
2	Amboise (r. d')	r. Richelieu	r. Favart.
10	Ambroise-Paré (r.)	r. de Maubeuge	r. Rocroi.
7	Amélie (r.)	r. St-Dominique	r. de Grenelle.
11	Amelot (r.)	boul. Rich. Lenoir	r. St-Sébastien.
8	Ampère (r.)	boul. Malesherbes	boul. Pereire.
8-9	Amsterdam (r. d')	r. St-Lazare	b. de Clichy.
6	Anc.-Coméd. (r. de l')	r. de Buci	r. de l'Ecole-de-Méd.
3	Ancre (pass. de l')	r. St-Martin	r. Turbigo.
16	Andréine (r.)	av. Bugeaud	av. de l'Impératrice.
18	Andrieu (r.)	r. Lagille	r. des Champs.
18	Androuet (r.)	r. des Poiriers	r. des 5 Frères.
18	Angél.-Compoint (r.)	r. du Ch. de f. de Ceint.	boul. Ney.
5	Anglais (r. des)	r. Galande	boul. St-Germain.
13	Anglaises (r. des)	r. de Lourcine	r. du Petit-Champ.
11	Angoulême (r. d')	b. du Temple	r. St-Maur.
11	Angoulême (pass. d')	r. Oberkampf	r. d'Angoulême.
4	Anjou (q. d')	r. Saint-Louis	r. des 2 Ponts.
3	Anjou au M. (r. d')	r. Charlot	r. des Enfants-Roug.
8	Anjou St-H. (r. d')	faub.-St-Honoré	r. de la Pépinière.
6	Anj.-Dauph. (r. d')	r. Dauphine	r. de Nevers.
19	Annelets (r. des)	r. des Solitaires	r. de Crimée.
8	Antin (aven. d')	Cours-la-Reine	Rond-Point des Ch.-El.
9	Antin (cité d')	r. de Provence	r. de la Ch.-d'Antin.

1

DICTIONNAIRE DES RUES.

ARR.	VOIES PUBLIQUES.	TENANTS.	ABOUTISSANTS.
2	Antin (r. d')......	r. de Port-Mahon.....	r. N.-des-Pet.-Ch.
6	Antoine-Dubois (r.).	pl. de l'Ecole de Méd..	r. M. le Prince.
19	Arago (r.)........	r. de Meaux........	sq. de la Butte.
5	Arbalète (r. de l')...	r. des Charbonniers..	r. Mouffetard.
1	Arbre-Sec (r. de l')...	pl. de l'Ecole........	r. St-Honoré.
17	Arc-de-Tr. (r. de l')...	pl. de l'Arc.........	r. des Acacias.
8	Arcade (r. de l')....	boulv. Malesherbes....	r. St-Lazare.
17	Arcet (r. d').......	b. des Batignolles.....	r. des Dames.
4	Archevêché (q. d. l')..	p¹ de l'Archevêché.....	p¹ au Double.
14	Arcueil (ch. d').....	r. de la Glacière......	boul. Jourdan.
19	Ardennes (r. des)...	r. d'Allemagne......	q. de la Marne.
8	Argenson (r. d').....	r. de la Pépinière.....	boul. Haussmann.
1	Argenteuil (r. d')....	r. des Frondeurs......	r. St-Roch.
19	Argonne (r. de l')....	q. de l'Oise.........	r. de Flandre.
17	Armaillé (rue)......	r. des Acacias	r. Ste-Ferdinand.
5	Arras (r. d')........	r. St-Victor........	r. Clopin.
15	Arrivée (r. de l')....	boul. Montparnasse...	av. du Maine.
4	Arsenal (pl. de l')...	r. de la Cesiraie......	r. de l'Orme.
16	Artistes (r. des).....	gr. r. de Passy......	r. de la Tour.
14	Artistes (r. des),....	r. de Gentilly........	r. Sarrasin.
20	Arts (r. des).......	r. Constantine.......	r. des Couronnes.
5	Arts-et-Mét. (sq.)....	r. St-Martin........	b. Sébastopol.
11	Asile-Pop. (r. de l').	r. Popincourt.......	r. du Mouffle.
6	Assas (r. d')	r. de Vaugirard......	r. du Cherche-Midi.
19	Asselin (r.).........	b. de la Villette......	r. Moujol.
16	Assomption (r. de l')..	r. Boulainvilliers.....	boul. Montmorency.
8	Astorg (r. d')......	r. de la Ville-l'Ev.....	boul. Malesherbes.
1	Athènes (pass. d')...	r. St-Honoré........	Cloître St-Honoré.
9	Auber (r.).........	boul. des Capucines...	r. Tronchet.
2	Aubert (pass.)......	r. Saint-Denis........	r. Ste-Foy.
18	Aubervilliers r. d')..	pl. Hébert..........	r. du Bon Puits.
18-19	Aubervill. (r. d')....	r. de la Tournelle.....	fortifications.
1-4	Aubry-le Boucher...	r. St-Martin.........	boul. Sébastopol.
18	Audran (r.)........	r. Véron...........	rue de l'Abbaye.
20	Auger (r.).........	b. Charonne........	r. Montreuil.
3	Aumaire (r.).......	r. Volta...........	r. St-Martin.
20	Aumaire (r.).......	r. St-Germain........	boul. Davoust.
9	Aumale (r. d')......	r. St-Georges........	r. de la Rochefouc.
13	Austerlitz (q. d')....	r. de la Gare........	pl. Walhubert.
1	Babille (r.)........	r. des Deux-Ecus.....	r. de Viarmes.
7	Babylone (r. de,....	r. du Bac..........	b. des Invalides.
7	Bac (r. du)........	q. Voltaire..........	r. de Sèvres.
17	Bac d'Asn. (r. du)...	pl. de Lévis.........	r. de Paris.
18	Bachelet (r.).......	r. Nicolet..........	r. Lécuyer.
6	Bagneux (r. de)....	r. du Cherche-Midi...	r. de Vaugirard.
19	Bagnolet (r. de)....	pl. des Trois Comm....	fortifications.
20	Bagnolet (r. de)....	pl. de la Mairie.......	fortifications.
1	Baillet (r.)........	r. de la Monnaie......	r. de l'Arbre-Sec.
1	Bailleul (r.)........	r. de l'Arbre-Sec.....	r. du Louvre.
1	Baillif (r.).........	r. des Bons-Enfants...	r. Croix-d.-Pet.-Ch.
17	Balagny (r.).......	av. de Clichy........	av. St-Ouen.
8	Balzac (r. de)......	av. des Ch.-Élysées...	r. du Faub.-St-Honoré.
2	Banque (r. de la)....	r. Neuve-des-P.-Ch...	pl. de la Bourse.
13	Banquier (r. du)....	r. du Marché-aux-Ch...	r. Mouffetard.
7	Barbet de Jouy (r.)..	r. de Varennes......	r. de Babylone.
5	Barbette (r.).......	r. des 3 Pavillons.....	r. Vieille-du-Temple.
15	Bargue (r.)........	Grande-Rue........	r. des Fourneaux.
6	Barouillère (r.).....	r. de Sèvres........	r. du Cherche-Midi.
13	Barrault (r.).......	b. d'Italie.........	r. la Butte-aux-Cailles
4	Barres (rue des)....	q. de la Grève.......	r. St-Antoine.
4	Barrés (r. des).....	r. St-Paul..........	r. du Fauconnier.
15	Barthélemy (r.).....	av. de Breteuil......	ch. de Sèvres.
2	Basfour (pass.).....	r. de Palestro.......	r. St-Denis.
11	Basfroid (r.).......	r. de Charonne.......	r. de la Roquette.
16	Basse-Passy (r.)....	carref. de la Montag...	av. de Boulainvillers

ARR.	VOIES PUBLIQUES.	TENANTS.	ABOUTISSANTS.
5	Basse-des-Carmes (r.)	r. de la Montagne.....	r. des Carmes.
9	Basse-du-Rempart(r.)	pl. de l'Opéra.........	pl. de la Madeleine.
16	Basse-St-Pierre (r.)..	q. de Billy...........	av. de l'Empereur.
15	Basse-du-Transit (r.).	r. Croix-Nivert.......	r. Blomet.
20	Basses-Vignoles (r.)..	r. des Haies.........	r. Madame.
16	Bassins (r. des).....	boul. de Rome........	r. Newton.
4	Bassompierre (r)...	b. Bourdon...........	r. de l'Orme.
4-11-12	Bastille (pl. de la)...	r. St-Antoine.........	faub. St-Antoine.
16	Batailles (r. des)....	r. Longchamp........	r. Benj.-Delessert.
17	Batignollaises(r.d.)..	b. des Batignolles.....	r. des Dames.
8-17	Batignolles (b. des)..	Grande-Rue..........	r. du Rocher.
5	Battoir (r. du)......	r. du Puits-de-l'Erm .	r. de Lacépède.
16	Bauches (r. des)....	r. de Boulainvilliers...	r. de la Glacière.
18	Baudelique (r.).....	r. des Portes-Blanches.	Montmartre (anc.)
9	Baudin (r.)..........	r. Lafayette.........	r. Mayran.
13	Baudricourt (r.).....	r. Chât.-des-Rentiers..	r. de Choisy.
8	Bausset (r.).........	pl. de la Mairie......	r. Grouet-d'Arcy.
17	Bayen (r.)..........	r. des Dames........	b. Gouv.-St-Cyr.
8	Bayard-Ch.-El.(r.)..	Cours-la-Reine.......	av. Montaigne.
3-4	Beaubourg (r.)......	r. Maubuée..........	r. Réaumur.
3	Beauce (r. de).. ...	r. d'Anjou...........	r. de Bretagne
8	Beaucourt (av.).....	r. du Faub.-St-Honoré.	
3	Beaujolais-du-Ten...	r. de Bretagne.......	pl. de la Rotonde.-d.-T.
1	Beaujolais-P.-R.(r.)..	r. de Valois.........	r. de Montpensier.
8	Beaujon (r.)........	r. de l'Oratoire......	av. Ste-Marie.
3-4-11	Beaumarchais (b.)...	r. St-Antoine........	r. du P.-aux-Choux.
7	Beaune (r. de)......	q. de Voltaire.......	r. de l'Université.
19	Beaune (r. de)......	r. de Paris..........	r. St-Denis.
2	Beaureg.-Poiss.(r.)..	r. Poissonnière......	b. Bonne-Nouvelle.
2	Beaurepaire (r.).....	r. des 2 Portes-St-S...	r. Montorgueil.
16	Beauséjour (b. de)..	Grande-Rue de Passy.	r. de l'Assomption.
4	Beautreillis (r.).....	r. des Lions.........	r. St-Antoine.
6	Beaux-Arts (r. des)..	r. de Seine..........	r. Bonaparte.
12	Beccaria (r. de)....	boulevard Mazas......	pl. du Marc.-Beauv.
16	Beethoven (r.)......	q. de Passy.........	r. Basse.
12	Bel-Air (aven. du)...	av. de St-Mandé.....	pl. du Trône.
12	Bel-Air (aven. du)...	b. de Picpus.........	fortifications.
15	Bel-Air (r. du)......	r. du Moulin-d.-Prés..	b. Kellermann.
8	Bel-Respiro (r. du)..	av. des Ch.-Élysées....	r. Beaujon.
15	Bellart (r.)..........	r. Pérignon.........	ch. de r. de Sèvres.
7	Bellechasse (r. de)..	q. d'Orsay..........	r. de Varennes.
9	Bellefond (r.).......	r. du Faub.-Poissonn..	r. Rochechouart.
20	Belleville (r. de)....	r. Bagnolet..........	r. de Charonne.
11-20	Belleville (b. de)....	r. des 3 Couronnes....	r. du Faub.-du-Temple
19	Bellevue (r. de). ...	r. des Lilas.........	r. Compans.
13	Bellièvre (r. de).....	q. d'Austerlitz.......	r. de la Gare.
16	Bellini (r.).........	rue de la Tour.......	r. du Moulin.
19	Bellot (r.)..........	r. Tanger...........	r. d'Aubervilliers.
10	Belzunce (r. de)....	b. de Magenta.......	r. de Rocroi.
17	Bénard (r.).........	r. des Dames........	r. d'Orléans.
14	Bénard (r.).........	r. du Ch.-des-Plantes..	r. du Terrier-aux-L.
16	Benj. Delessert.....	r. des Batailles......	r. Franklin.
3	Béranger (r.)........	r. Charlot...........	r. du Temple.
12	Bercy (b. de).......	r. de Bercy.........	r. de Charenton.
12	Bercy (q. de).......	b. de la Râpée......	r. Grange-aux-Merc.
4	Bercy-St-Jean(r.d.)..	r. Vieille-du-Temple...	pl. du Marché-St-Jean.
12	Bercy-St-Ant. (r. d.)..	ch. de la Râpée.....	b. de la Contrescarpe.
1	Berger (r.)..........	boul. Sébastopol......	r. Vauvilliers.
9	Bergère (r.)........	r. du Faub.-Poissonn..	r. du F.-Montmartre.
9	Bergère (cité)......	r. du Faub.-Montmart.	r. Bergère.
9	Bergère (galerie)....	r. de Montyon.......	r. Geoffroy-Marie.
15	Bergers (r. des).. ..	r. de Javel..........	r. St-Paul.
8-9	Berlin (r. de).......	r. de Clichy.........	pl. d'Europe.
6	Bernard Palissy (r)..	r. de l'Egout	r. du Dragon.
5	Bernardins (r. des)..	q. de la Tournelle.....	r. St-Victor.
8	Berry (r. de)........	av. des Champs-Elys...	r. du Faub.-St-Honoré.

ARR.	VOIES PUBLIQUES.	TENANTS.	ABOUTISSANTS.
8	Berryer (cité).......	r. Royale.........	r. de la Madeleine.
18	Berthe (r.).........	r. du Poirier......	r. du Télégraphe.
18	Berthier (boul.)....	porte de Clichy......	porte Courcelles.
13	Berthollet (r.)......	r. des Feuillantines...	boul. Arago.
1	Bertin-Poirée (r.)...	q. de la Mégisserie....	r. de Rivoli.
16	Berton (r.).........	q. de Passy.........	r. Basse.
7	Bertrand (r.).......	r. Eblé.........	r. de Sèvres.
17	Berzelius (r.).......	av. de Clichy.......	b. Bessières.
17	Bessières (boul.)....	porte St-Ouen........	porte Clichy.
4	Béthune (q. de).....	r. St-Louis-en-l'Ile...	pt de la Tournelle.
17	Beudant (r.).....·...	r. de l'Ecole.......	Gr. Rue.
15	Beuret (r.).........	boul. des Batignolles.	r. des Dames.
10	Bichat (r.).........	r. du Faub.-du-Temple.	q. de Jemmapes.
16	Biches (r. des)......	av. d'Eylau.........	av. Bugeaud.
8	Bienfais. (r. de la)..	r. du Rocher........	av. de Plaisance.
5	Bièvre (r. de).......	q. de la Tournelle....	b. St-Germain.
16	Billancourt (r. de)...	route de Versailles....	fortifications.
4	Billettes (r. des)....	r. de la Verrerie.....	r. Ste-Croix-de-la-B.
16	Billy (q. de)........	pt de l'Alma........	r. de la Montagne.
17	Biot (r.)...........	b. des Batignolles....	r. des Dames.
4	Birague (r.)........	r. St-Antoine.......	Pl. Royale.
18	Biron (r.)..........	r. Ramey..........	r. Bachelet.
12	Biscornet (r.).......	r. des Terres-Fortes...	b. de la Contrescarpe.
8-16	Bizet (r.)..........	q. de Billy.........	r. de Chaillot.
5	Blainville (r.).......	r. Mouffetard.......	r. Tournefort.
9	Blanche (r.)........	r. St-Lazare........	pl. de la Bar.-Blanche
4	Blancs-Mant. (r.)...	r. Vieille-du-Temple..	r. du Temple.
9	Bleue (r.)..........	r. du Faub.-Poissonn..	r. Cadet.
15	Blomet (r.).........	r. de Sèvres........	r. St-Lambert.
2-5	Blondel (r.).........	r. St-Martin........	r. St-Denis.
14	Blottière (r.).......	r. Perrel..........	r. de la Procession.
9	Bochart de Saron (r.).	av. Trudaine.......	ch. Rochechouart.
2	Boïeldieu (pl.)......	r. Favart.........	r. Marivaux.
1	Boileau (r.)........	r. de la Ste-Chapelle..	q. des Orfèvres.
16	Boileau (r.)......	r. Molière........	route de Versailles.
19	Bois (r. des)........	r. des Prés.........	fortifications.
20	Bois (r. du).........	r. de Paris.........	Charonne (anc).
10	Bois de Boul. (pas.).	r. du Faub.-St-Denis..	boul. St-Denis.
19	Bois de l'Orme (r. du)	r. des Lilas........	r. du Pré.
16	Bois-le-Vent (r.)....	pl. de la Mairie.....	r. Boulainvilliers.
16	Boissière (r.).......	b. de Passy........	r. Point-de-la-Plaine.
8	Boissy-d'Anglas (r.).	pl. de la Concorde....	boul. Malesherbes.
18	Bon-Puits (pass.)...	Grande-Rue........	ch. de fer de l'Est.
6	Bonaparte (r.)......	q. Malaquais.......	r. Vavin.
10	Bondy (r. de).......	r. de la Douane.....	r. du Faub.-St-Martin.
11	Bonne-Graine (pass.)	faub. St-Antoine.....	pass. Fosset.
2-10	Bonne-Nouv. (b.)...	r. St-Denis........	r. Poissonnière.
1	Bons-Enf. (r. des)...	r. St-Honoré.......	r. Neuve-des-B.-Enf.
5	Borda (r.)..........	r. Volta..........	r. Montgolfier.
19	Bordeaux (r. de)....	r. de Flandre.......	q. de Seine.
16	Bornes (r. des)......	r. du Moulin.......	rond-pt de Longch.
20	Borrego (r.)........	r. de Charonne.....	r. de Vincennes.
7	Bosquet (aven.).....	q. d'Orsay........	av. de Ségur.
10	Bossuet (r.)........	r. de Lafayette.....	r. de Belzunce.
10	Bouchardon (r.)....	r. de Bondy.......	r. du Château-d'Eau.
1	Boucher (r.)........	r. de la Monnaie....	r. de Rivoli.
6	Boucherie (p. de la).	r. de l'Abbaye.....	pl. Gozlin.
7	Bouch.-d.-Inv. (r.)..	q. d'Orsay........	r. St-Dominique.
18	Boucry (r.).........	r. de l'Est........	r. p. de la Chapelle.
16	Boudon (av.).......	r. des Vignes......	grande rue d'Auteuil.
9	Boudreau (r.).......	av. Trudon........	r. de Caumartin.
16	Boufflers (aven.)....	av. des Tilleuls.....	av. des Peupliers.
7	Bougainville (r.)....	av. de La M.-Piquet...	r. Chevert.
16	Boulainvill. (r.)....	pt de Grenelle......	r. Basse.
5	Boulangers (r. des)..	r. St-Victor........	r. d. Fossés-St-Victor.
14	Boulard (r.)........	r. du Champ-d'Asile...	r. Brézin.

ARR.	VOIES PUBLIQUES.	TENANTS.	ABOUTISSANTS.
17	Boulay (r.)	av. de Clichy	ch. des Bœufs.
9	Boule-Rouge (r.)	r. de Montyon	r. Geoffroy-Marie.
11	Boulets (r. des)	r. de Montreuil	r. de Charonne.
17	Boulevard (r. du)	b. des Batignolles	r. des Dames.
9	Boulogne (r. de)	r. Blanche	r. de Clichy.
19	Boulogne (r. de)	r. de Nantes	q. de la Gironde.
1	Bouloi (r. du)	r. Cr.-d.-Pet.-Champs	r. Coquillière.
16	Bouq.-de-Longch. (r.)	r. de Longchamp	r. de la Croix-Boiss.
16	Bouq.-des-Ch. (r.)	r. de Longchamp	ch. des Bassins.
4	Bourbon (q. de)	r. des Deux-Ponts	r. St-Louis.
6	Bourb.-le-Ch. (r.)	r. de Buci	r. de l'Echaudé.
9	Bourdaloue (r.)	r. Ollivier	r. St-Lazare.
4	Bourdon (b.)	b. Morland	pl. de la Bastille.
1	Bourdonnais (r. des)	q. de la Mégisserie	r. de la Poterie.
19	Bouret (r.)	r. d'Allemagne	r. de Meaux.
2	Bourg-l'Abbé (pas.)	b. de Sébastopol	r. St-Denis.
7	Bourgogne (r. de)	q. d'Orsay	r. de Varennes.
5-13	Bourguignons (r. des)	r. de Lourcine	r. de la Santé.
9	Boursault (r.)	r. Pigalle	r. Blanche.
17	Boursault (r.)	b. des Batignolles	r. des Dames.
2-3	Bourse (pl. de la)	r. N.-D.-des Victoires	r. Vivienne.
2	Bourse (r. de la)	pl. de la Bourse	r. de Richelieu.
4	Bourtibourg (r.)	r. de la Verrerie	r. Ste-Croix-de-la-Br.
5	Boutebrie (r.)	r. de la Parcheminerie	b. St-Germain.
13	Boutin (r.)	r. de la Glacière	r. de la Santé.
11	Bouvines (av. de)	r. des Ormeaux	av. des Ormeaux.
11	Bouvines (av.)	r. des Ormeaux	r. de Bouvines.
10	Brady (pass.)	r. du Faub.-St-Martin	r. du Faub.-St-Denis.
15	Brancion (r.)	pl. de l'Unité	boul. Lefèvre.
3	Brantôme (r.)	r. Beaubourg	r. St-Martin.
3	Braque (r. de)	r. du Chaume	r. du Temple.
6	Bréa (r.)	r. Vavin	b. Montparnasse.
12	Brèche-aux-Loups (r.)	r. de Charenton	r. de la Lancette.
9	Bréda (pl.)	r. Bréda	r. Neuve-Bréda.
9	Bréda (r.)	r. N.-D. de Lorette	r. Laval.
3	Bretagne (r. de)	r. Vieille-du-Temple	r. du Temple.
7-15	Breteuil (av. de)	pl. de Vauban	r. de Sèvres.
7-15	Breteuil (pl. de)	av. de Breteuil	r. Duroc.
3	Breteuil (r. de)	r. Réaumur	r. Vaucanson et Conté
4	Bretonvilliers (r.)	q. de Béthune	r. St-Louis-en-l'Ile.
17	Brey (r.)	b. de l'Etoile	r. de la Plaine.
14	Brezin (r.)	route d'Orléans	ch. du Maine.
17	Bridaine (r.)	r. de la Goutte-d'Or	r. des Couronnes.
18	Briquet (r.)	b. Rochechouart	r. des Acacias.
4	Brise-Miche (r.)	r. du Cloît.-St-Merri	r. Neuve-St-Merri.
4	Brissac (r. de)	r. Morland	r. Crillon.
17	Brochand (r.)	av. de Clichy	pl. de l'Eglise.
2	Brongniart (r.)	b. Montmartre	r. N.-D. des Victoires.
18	Brouillards (r. des)	r. de l'Empereur	r. de la Font.-d.-B.
13	Bruant (r.)	chemin de la Gare	r. des Deux-Moulins.
14	Brune (boul.)	porte d'Orléans	ch. de fer de l'Ouest.
8-9	Bruxelles (r. de)	pl. de la bar. Blanche	r. du Rocher.
5	Bûcherie (r. de la)	pl. Maubert	r. du Petit-Pont.
6	Buci (r. de)	r. de l'Anc.-Comédie	r. de l'Ecole-de-Méd.
9	Buffault (r.)	r. du Faub.-Montmartre	r. Lamartine.
5	Buffon (r. de)	b. de l'Hôpital	r. Geoffroy-St Hilaire.
16	Bugeaud (aven.)	r. p. de la Plaine	av. de l'Impératrice.
16	Buis (r. du)	r. Verdelet	r. Molière.
10	Buisson-St-Louis (r.)	r. St-Maur	ch. de la Chopinette.
13	Buot (r.)	r. de la Butte-aux-C.	r. des Champs.
18	Burq (r.)	r. de l'Abbaye	r. Durantin.
13	Butte-Cailles (r. de la)	r. Vendrezane	r. de l'Espérance.
10	Butte-Chaum. (r.)	ch. du Combat	r. de Château-Land.
12	Buttes (r. des)	Gr.-r. de Reuilly	r. de Picpus.
18	Buzelin (r.)	r. de la Tournelle	r. du Bon-Puits.

DICTIONNAIRE DES RUES.

ARR.	VOIES PUBLIQUES.	TENANTS.	ABOUTISSANTS.
9	Cadet (r.)	r. du F.-Montmartre	r. Lamartine.
3	Caffarelli (r.)	r. de Bretagne	pl. de la R.-du-T.
13	Caillaux (r.)	route de Choisy.	
2	Caire (pass. du)	r. St-Denis	pl. du Caire.
2	Caire (pl. du)	r. du Caire	r. d'Aboukir.
2	Caire (r. du)	r. St-Martin	pl. du Caire.
9	Calais (r. de)	r. Blanche	pl. de Vintimille.
20	Calais (r.)	r. Ménilmontant	r. de Paris.
16	Callot (r.)	route de Versailles	r. de la Municipalité.
8	Cambacérès (r.)	r. Ville-l'Evêque	r. de la Pépinière.
19	Cambrai (r. de)	Ch. de St-Denis	r. de Flandre.
5	Cambrai (pl.)	r. St-Jean de Latran	r. St-Jacques.
15	Cambronne (r.)	r. de Vaugirard	pl. Cambronne.
14	Campagne-1re (r.)	b. du Montparnase	b. d'Enfer.
13	Campo-Form. (r.d.)	r. Pinel	b. de l'Hôpital.
5	Canal St Mart. (r.d.)	r. du F. St-Martin	q. de Valmy.
6	Canettes (r. des)	r. du-Four-St-Germain	pl. St-Sulpice.
6	Canivet (r. du)	r. Servandoni	r. Férou.
18	Caplat (r.)	r. de la Charbonnière	r. de la Goutte-d'Or.
18	Capron (r.)	b. de Clichy	G. r. des Batignolles.
2-9	Capucines (b. des)	r. Louis-le-Grand	r. Neuve-des-Capucin.
5-15	Capucins (r. des)	r. du-Ch.-des-Capuc.	r. St-Jacques.
5	Card. Lemoine (r. du)	q. de la Tournelle	r. St-Victor.
6	Cardinale (r.)	r. de Furstemberg	r. de l'Abbaye.
17	Cardinet (r.)	av. de Clichy	r. d'Asnières.
6	Carnot (r.)	r. de l'Ouest	r. N.-D.-des-Champs.
5	Carmes (r. des)	r. des Noyers	r. St-Hilaire.
17	Caroline (r.)	r. du Boulevard	r. des Batignolles.
20	Caroline (r.)	r. des Couronnes	sq. Napoléon.
4	Caron (r.)	pl. du M.-Ste-Cath	r. Jarente.
6	Carpentier r.)	r. du Gindre	r. Cassette.
20	Carrières d'Amériq.	r. Hautpoul	boul. Serrurier.
18	Carrières des Batign.	g. r. des Batignolles	r. du Ch.-des-Dames.
19	Carrières du Centre.	r. Fessart	r. de Meaux.
20	Carrières de Ménilm.	r. des Partants	r. de Ménilmontant.
18	Carrières du Montm.	r. des Dames	ch. des Bœufs.
1	Carrousel (pl. du)	Tuileries	Louvre.
20	Cascades (r. des)	r. de Ménilmontant	r. de la Mare.
6	Casim. Delavig. (r.)	r. Mons.-le-Prince	pl. de l'Odéon.
7	Casimir Périer (r.)	r. St-Dominique	r. de Grenelle.
6	Cassette (r.)	r. du Vieux-Colombier	r. de Vaugirard.
14	Cassini (r.)	r. du Faub.-St-Jacq	r. d'Enfer.
8	Castellane (r.)	r. Tronchet	r. de l'Arcade.
4	Castex (r.)	r. de la Cerisaie	r. St-Antoine.
1	Castiglione (r. de)	r. de Rivoli	r. St-Honoré.
1	Catinat (r.)	r. de La Vrillière	pl. des Victoires.
18	Gauchois (r.)	r. de l'Empereur	r. Ste-Marie-Blanche.
9	Caumartin (r. de)	r. Basse-du-Rempart	r. St Lazare.
18	Cavé (r.)	r. des Cinq-Moulins	r. des Gardes.
4	Célestins (q. des)	r. du Petit-Musc	r. St-Paul.
14	Cels (r.)	r. Ne-de-la-Pépin	ch. de Vanves.
5-13	Cendrier (r. du)	r. du M.-aux-Chevaux	r. des Fossés-St-M.
20	Cendriers (r. des)	b. des Amandiers	r. des Amandiers.
5	Censier (r.)	r. Geoffroy-St-Hil	r. Mouffetard.
8	Centre (r. du)	r. de l'Oratoire	r. de Balzac.
17	Centre (r. du)	av. de Clichy	r. de l'Entrepôt.
19	Centre (r. du)	r. des Alouettes	r. Houdard.
20	Centre (r. du)	pl. de la Réunion	r. de Paris.
4	Cerisaie (r. de la)	b. Bourbon	r. du Petit-Musc.
2	Chabanais (r. de)	r. Ne-des-P.-Ch	r. Rameau.
10	Chabrol (r.)	r. du Faub.-St-Denis	r. de Lafayette.
15	Chabrol (r.)	q. de Grenelle	b. de Javel.
16	Chabrol (r.)	r. du Petit-Parc	Neuilly (anc.).
8-16	Chaillot (r. de)	r. Gasté	av. des Ch.-Elysées.
7	Chaise (r. de la)	r. de Gr.-St-Germain	r. de Sèvres.
17	Chalabre (r.)	av. de Clichy	r. de l'Entrepôt.

ARR.	VOIES PUBLIQUES.	TENANTS.	ABOUTISSANTS.
16	Chalgrin (r.).......	av. de l'Impératrice...	r. Lesueur.
12	Chaligny (r. de)....	boul. Mazas..........	r. Erard.
12	Châlons (r. de).....	r. de Rambouillet.....	b. Mazas.
11	Chambéry (r. de)...	r. Neuve-des-Boulets...	r. de Charonne.
7	Champagny (r. de)..	r. Casimir-Périer......	r. de Martignac.
14	Champ d'Asile (r.d.)..	b. de Montrouge......	ch. du Maine.
13	Ch.-de-l'Alouette (r.)	r. de Lourcine........	r. Croulebarbe.
7	Ch. de Mars (r. du)..	r. de l'Eglise.........	av. de La Bourdon.
16	Champs (r. des)....	r. de Longchamp......	r. de Lubeck.
20	Champs (r. des)....	r. de Bagnolet........	ch. des Partants.
8	Ch.-Elys. (av. des)..	pl. de la Concorde.....	ch. de l'Etoile.
7	Chanaleilles (r. d.)..	r. Vanneau...........	r. Barbet-de-Jouy.
4	Chanoinesse (r.)....	r. du Cloître-N.-D....	r. des Marmousets.
12	Chantier (pas. du)...	r. Charenton.........	Faub. St-Antoine.
5	Chantiers (r. des)...	r. des Fossés-St-Ber...	r. du Cardinal Lem.
10-18	Chapelle (b. de la)...	Gr. r. de la Chapelle...	r. des Poissonniers.
3	Chapon (r.)..........	r. du Temple.........	r. St-Martin.
9	Chaptal (r.)..........	r. Pigalle............	r. Blanche.
18	Charbonnière (r.)...	b. de la Chapelle.....	r. de Jessaint.
12	Charb.-St-Ant.(r. d.)	r. de Châlons........	r. de Charenton.
5	Charb.-St-Marc (r. d.)	r. de l'Arbalète.......	r. des Bourguignons.
12	Charenton (r.).......	pl. de la Bastille.....	ch. de Charenton.
12	Charenton (r.).......	b. de Charenton......	fortifications.
4	Charlem. (pass.)....	r. Charlemagne.......	r. St-Antoine.
4	Charlemagne (r.)....	r. St-Paul............	r. des Non.-d'Hyères.
4	Charles V (r.).......	r. du Petit-Musc.....	r. St-Paul.
3	Charlot (r.)..........	r. des Quatre-Fils....	b. du Temple.
17	Charlot (r.)..........	b. de l'Etoile........	r. de la Plaine.
11	Charonne (b. de)....	r. de Montreuil.......	r. de Charonne.
11	Charonne (r. de)....	r. du Faub.-St-Antoine.	ch. de Fontarabie.
19-20	Charonne (r. de)....	r. de Bagnolet........	r. des Bois.
5	Chartière (r.)........	r. St-Hilaire.........	r. de Reims.
17	Chartres (r. de).....	av. de Clichy........	r. Lemercier.
18	Chartres (r. de).....	b. de la Chapelle.....	r. de la Goutte-d'Or.
17	Chasseurs (av. des)..	b. Pereire...........	dans les champs.
20	Château (r. du)......	r. des Ecoles.........	r. de Paris.
10	Chât.-d'Eau (r. du)...	r. de la Douane......	r. du Faub.-St-Denis.
8	Chât.d.Fleurs (r.d.)..	r. des Vignes........	Champs-Elysées.
13	Chât.d.Rent. (r. d.)..	b. d'Ivry............	fortifications.
14	Ch.-du-Maine (r.)...	ch. du Maine........	r. de Vanves.
10	Chât.-Land. (r. du)..	r. du Faub. St-Mart...	b. des Vertus.
18	Chât.-Rouge (pl. du)..	r. Poulet............	r. de Levis.
18	Chât.-Montm. (r. du)..	ch. de Clignancourt...	r. Marcadet.
8	Châteaubriand (r.)..	r. de l'Oratoire......	r. du Bel-Respiro.
14	Châtelain (r.)........	r. de l'Ouest.........	r. de Vanves.
1-4	Châtelet (pl. du).....	q. de la Mégisserie...	r. St-Denis.
9	Chauchat (r.)........	r. Rossini............	r. de la Victoire.
10	Chaudron (r.)........	r. du Faub. St-Mart...	r. de Château-Land.
20	Chaudron (r.)........	r. des Amandiers.....	r. des Carrières.
3	Chaume (r. du)......	r. des Blancs-Mant...	r. des Vieilles-Haud.
9	Chaussée d'Antin....	boul. des Italiens....	r. St-Lazare.
18	Chaus. Clignancourt.	boul. Rochechouart...	r. Ramey.
14	Chaussée du Maine..	boul. de Vanves......	r. d'Orléans.
18	Chaus. des Martyrs..	boul. Clichy.........	r. de la Mairie.
3	Chaus. des Minimes..	pl. Royale...........	r. St-Gilles.
16	Chaus. de la Muette.	Grande-Rue..........	porte de Passy.
10	Chausson (pass.)....	r. du Ch.-d'Eau......	r. des Marais.
8	Chauv.-Lagarde (r.)..	pl. de la Madeleine...	r. de Madeleine.
15	Chauvelot (r.).......	r. du Géorama.......	pass. Léonidas.
17	Chazelles (r. de).....	b. Malesherbes.......	b. de Courcelles.
13	Ch.-de-fer (av. du)...	ch. de fer d'Orléans...	r. du Chevaleret.
15	Chem.-de-f. (av.d.)..	b. des Fourneaux.....	ch. de la Gaîté.
18	Chem.-de-f. (r. du)..	r. de la Tournelle.....	r. du Bon-Puits.
14	Chem.-de-f. (r. du)..	r. de la Glacière.....	ch. de fer de Sceaux.
17	Chemin des Bœufs..	av. Saint-Ouen.......	boul. Bessières.
16	Chemin de la Croix..	r. de la Croix........	r. de la Tour.

ARR.	VOIES PUBLIQUES.	TENANTS.	ABOUTISSANTS.
16	Chemin de la Cure..	r. de l'Assomption....	av. des Tilleuls.
18	Chemin des 2 Frères	r. des Brouillards.	
16	Chemin de la Galiotte	route de Versailles.	
20	Chemin Neuf-Ménilm	r. de Belleville........	b. Mortier.
12	Chemin de Reuilly..	boul. de Reuilly......	b. Poniatowski.
19	Chemin de St-Ouen..	r. de Cambrai	r. des Vertus.
14	Chem.-des-P. (r.d.)..	r. Bénard...........	ch. des Bœufs.
11	Chem.-vert (r. du)..	b. Beaumarchais......	r. Popincourt.
14	Chem.-vert (r. du)..	r. de la Tombe-Issoire.	fortifications.
12	Chem.-vicin.(r.du)..	r. de Picpus.........	pl. du Trône.
2	Chénier (r.).........	r. St-Foy............	r. de Cléry.
8	Cherbourg (gal. d.)..	r. de la Pépinière.....	r. de la Borde.
6-15	Cherche-Midi (r.)..	carr. de la Cr.-Rouge..	b. de Vaugirard.
17	Cherroi (r.).........	b. des Batignolles.....	r. des Dames.
2	Cherubini (r.)......	r. de Chabanais......	r. Ste-Anne.
13	Chevaleret (r. du)...	b. de la Gare........	fortifications.
7	Chevert (r.)........	b. Latour-Maubourg...	av. de Tourville.
6	Cheverus (r.).......	r. d'Erfurth..........	r. Ste-Marthe.
9	Chevreuse (r. de)..	r. St-Lazare.........	r. Trinité.
6	Childebert (r.)....	r. N.-D.-des-Champs..	b. du Montparnasse.
20	Chine (r. de la)....	r. Cour-des-Noues...	r. Ménilmontant.
2	Choiseul (pass. de)..	r. Ne-des-Petits-Ch...	r. Ne-St-Augustin.
2	Choiseul (r.).......	r. Ne-St-Augustin.....	b. des Italiens.
10	Chopinette (r.de la).	r. St-Maur...........	ch. de la Chopinette.
18	Christiani (r.).....	r. des Poissonniers...	ch. de Clignancourt.
6	Christine (r.).......	r. des Gr.-Augustins..	r. Dauphine.
16	Christine (r.).......	r. Leroux............	pl. d'Eylau.
16	Cimarosa (r.).......	b. de Passy..........	r. Lauriston.
18	Cimetière (av. du)..	b. de Clichy.........	cimetière.
8	Cirque (r. du)......	av. Gabriel..........	r. du Faub.-St-Hon.
6	Ciseaux (r. des)....	r. Gozlin............	r. du Four.
4	Cité (r. de la)......	q. Napoléon.........	Petit-Pont.
12	Citeaux (r.)........	faub. St-Antoine.	
9	Clary (square)......	r. Ne-des-Mathurins..	r. St-Nicolas-d'Antin.
16	Claude-Lorrain (r.).	r. de la Municipalité..	r. Boileau.
10	Claude-Vellefaux (r.)	r. Chopinette........	r. Gr.-aux-Belles.
9	Clausel (r.).........	r. des Martyrs.......	r. Breda.
5	Clef (r. de la)......	r. d'Orléans.........	r. de Lacépède.
6	Clément (r.).......	r. de Seine..........	r. Mabillon.
9	Cler (r.)...........	r. St-Dominique.....	av. Lam.-Piquet.
2	Cléry (r. de)........	r. Montmartre.......	r. Beauregard.
17	Clichy (av. de).....	G.-r. des Batignolles..	fortifications.
9-18	Clichy (b. de)......	r. Blanche...........	r. de Clichy.
2-9	Clichy (r. de).......	r. St-Lazare.........	b. de Clichy.
13	Clisson (r.)........	r. Chevaleret........	r. Nationale.
4	Cloche-Perche (r.)..	r. St-Antoine........	r. du Roi-de-Sicile.
4	Cloître N.-D. (r. du).	q. Napoléon.........	r. d'Arcole.
1	Cloit. St-Honoré (r.d.)	r. des Bons-Enfants..	r. St-Honoré.
1	Cloit. St-Jacques (r.)	r. Grande-Truanderie.	r. Mauconseil.
5	Cloître St-Merry (r.).	r. du Renard........	r. St-Martin.
5	Clopin (r.).........	r. des Fos.-St-Victor..	r. d'Arras.
20	Clos (r. du)........	r. Courat............	r. St-Germain.
5	Clos-Bruno (r.)....	r. des Carmes.......	r. de la M.-Ste-Genev.
1	Clos-Georg. (r. du).	r. de la Font.-Molière.	r. Ste-Anne.
20	Clos-Ménilmontant..	r. Courat............	r. Saint-Germain.
20	Clos-Rasselin......	r. de Montreuil......	r. Madame.
20	Clos-Réglise.......	r. Madame..........	r. Saint-Germain.
5	Clotaire (r.)........	pl. Ste-Geneviève.....	r. des Fos.-St-Jacq.
15	Clovis (r.).........	r. des Fos.-St-Victor...	r. Clotilde.
18	Cloys (r. des)......	r. d. Ruisseau.......	r. des Carrières.
5-15	Cochin (r.).........	r. Pascal............	r. de Lourcine.
2	Colbert (gal.).......	r. Ne-des-Pet.-Ch....	r. Vivienne.
2	Colbert (r.)........	r. Vivienne..........	r. de Richelieu.
4	Coligny (r. de).....	q. Henri IV.........	b. Morand.
8	Colisée (r. du).....	av. des Ch.-Elysées..	r. du Faub.-St-Hon.
5-15	Collégiale (pl. de la)..	r. des F.-B. St-Marc...	r. Pierre-Lombard.

DICTIONNAIRE DES RUES.

ARR	VOIES PUBLIQUES.	TENANTS.	ABOUTISSANTS.
4	Colombe (r. de la)...	b. Napoléon..........	r. Chanoinesse.
2	Colonnes (r. des)....	r. des Filles-S¹-Th.....	r. Feydeau.
7	Combes (r.)..........	S¹-Jean.............	r. Malar.
7	Comète (r. de la)....	r. S¹-Dominique......	r. de Grenelle.
14	Command. (av. du)..	r. N⁰ de la Tomb.-Is...	ch. de Servitude.
12	Commerce (r. du)....	pl. de l'Eglise.........	r. de Charenton.
15	Commerce (r. du)...	b. de Grenelle........	r. des Entrepreneurs.
6	Commerce (pl. du)..	r. S¹-André-des-Arts...	r. de l'Ecole-de-Méd.
3	Commines (r.).......	r. S¹-Louis...........	b. des Filles-du-Calv.
19	Compans (r.)........	r. de Paris............	r. des Prés.
10	Compiègne (r. de)...	boul. Magenta........	r. Dunkerque.
8	Concorde (pl. de la)..	jardin des Tuileries...	Champs-Elysées.
6	Condé (r. de)........	r. de l'Odéon.........	r. de Vaugirard.
8	Conférence (q. d. la).	p¹ de la Concorde.....	p¹ de l'Alma.
9	Conservat. (r. du)...	r. Bergère............	r. Richer.
4	Constantine (b. de)..	r. d'Arcole...........	pl. du Pal. de Justice.
20	Constantine (r de)..	b. des Couronnes.....	r. des Couronnes.
18	Constantine (r. de)..	r. des Cinq-Moulins...	r. des Poissonniers.
14	Constantine (r. de)..	r. de Médéah.........	r. du Transit.
8	Constantinople (r.de)	pl. d'Europe.........	r. du Rocher.
3	Conté (r.)...........	r. Montgolfier........	r. de Breteuil.
6	Conti (q. de)........	r. Dauphine..........	q. Malaquais.
12	Contrescarpe (b.)...	pl. Mazas............	pl. Bastille.
6	Contresc.-Dauph. (r.).	r. Dauphine..........	r. S¹-André-des-Arts.
5	Contrescarp.S¹-M.(r)	r. des F.-S¹-Victor.....	r. N⁰ S¹⁰-Geneviève.
16	Copernic (r.)........	b. de Passy..........	r. p. de la Plaine.
15	Copreau (r.).........	r. Blomet............	r. de Vaugirard.
1	Coq-Héron (r.)......	r. Coquillière.........	r. Pagevin.
4	Coq-S¹-Jean (imp.)..	r. de la Verrerie......	r. de Rivoli.
1	Coquillière (r.)......	r. du Four...........	r. Croix-des-P.-Ch.
10	Corbeau (r.).........	r. Bichat.............	r. S¹-Maur.
12	Corbineau (r).......	ch. de la Gare........	b. de l'Hôpital.
13	Cordelières (r. des)..	r. Pascal.............	r. du Ch.-de-l'Al.
3	Corderie (pl. de la)..	pl. de la Rotonde.....	r. Lepetit-Thouars.
5	Cordiers (r. des) ...	r. S¹-Jacques.........	r. de Cluny.
16	Corneille (imp.)......	av. Despréaux........	Auteuil (anc.).
6	Corneille (r.)........	pl. de l'Odéon........	r. de Vaugirard.
13	Cornes (r. des)......	r. du Banquier.......	r. des Fos.-S¹-Marcel.
8	Cortot (r.)..........	r. S¹-Denis...........	r. de la Saussaie.
1	Cossonner. (r. d.la.)	r. de Sébastopol......	r. des Halles Centr.
12	Cotte (r. de)........	r. de Charenton......	r. du Faub.-S¹-Antoine.
18	Cottin (pass.).......	ch. de Clignancourt...	r. de la Fontenelle.
14	Couesnon (r.)........	r. de Vanves.........	r. du Château.
20	Cour des Noues (r. d.l.)	r. Perlet.............	chaus. des Partants.
20	Courat (r.)..........	ch. de Ceinture.......	Charonne (anc.).
8-17	Courcelles (b. de)...	r. de Courcelles......	r. du Faub.-S¹-Hon.
8	Courcelles (r. de) ..	r. de la Pépinière	ch. de Courcelles.
17	Courcelles (r. de)...	b. de Courcelles......	r. de la Révolte.
20	Couronnes (r. des)..	b. de Belleville.......	r. de Ménilmontant.
8	Cours la Reine (av.).	pl. de la Concorde....	chaussée Billy.
1	Courtalon (r.).......	r. S¹-Denis...........	pl. S¹⁰-Opportune.
7	Courty (r.)..........	r. de Lille...........	r. de l'Université.
18	Coustou (r)..........	boulev. Pigale........	r. Lepic.
4	Coutellerie (r. d. la).	av. Victoria..........	r. de Rivoli.
3	Coutures-S¹-G. (r.)..	r. de Thorigny	r. Vieille-du-Temple.
6	Crébillon (r. de) ...	r. de Condé..........	pl. de l'Odéon.
9	Crétet (r.)..........	r. Rochart-de-Saron...	r. Beauregard-des-M.
4	Crillon (r. de)......	b. Morland...........	r. de l'Orme.
19	Crimée (r. de)	r. de Beaune.........	r. d'Allemagne.
2	Croissant (r. du)....	r. du Sentier.........	r. Montmartre.
16	Croix Aut. (r. de la)..	r. Le Kain...........	r. Raffet.
12	Croix-Berey (r. de la)	ch. des Meuniers.....	ch. de la Cr.-Rouge.
16	Cr.-Boiss. (r. de la)..	r. de Longchamp.....	ch. des Bassins.
18	Cr.-de-l'Evang. (c. de)	ch. d'Aubervilliers.....	r. des Rosiers.
1	Cr.-d.-P.-Champs (r.).	r. Saint-Honoré.......	pl. des Victoires.
8	Cr.-du-Roul. (r. de la)	r. du Faub.-S¹-Honoré.	r. de Courcelles.

1.

ARR.	VOIES PUBLIQUES.	TENANTS.	ABOUTISSANTS.
15	Croix-Nivert (r. de la)	pl. de la b. de l'Ecole..	r. de Sèvres.
6	Croix-Rouge (carr.)...	r. du Four..........	r. de Sèvres.
12	Croix-Rouge (r. de la)	b. de Reuilly........	fortifications.
13	Croix-Rouge (r. de la)	r. du Chevaleret.....	r. du Ch.-des-Rent.
13	Croulebarbe (r.)....	r. Mouffetard.......	r. du Champ-de-l'Al.
12	Crozatier (r.)........	pl. Rambouillet......	boul. Mazas.
11	Crussol (r.)..........	b. du Temple.......	r. Folie-Méricourt.
5	Cujas (r.)............	pl. du Panthéon.....	boul. St-Michel.
13	Culettes (r. des).....	r. Croulebarbe......	r. Gentilly.
4	Cult.-St-Cath. (r.)..	r. de Rivoli.........	r. du Parc-Royal.
18	Cure (r. de la).......	pl. de l'Abbaye......	r. de l'Empereur.
19	Curial (r.)...........	r. Riquet...........	boul. Macdonald.
5	Cuvier (r.)..........	q. St-Bernard.......	r. Geof.-St-Hilaire.
1	Cygne (r. du)........	r. St-Denis..........	r. de Mondétour.
2	Dalayrac (r.)........	r. Méhul...........	r. Monsigny.
17	Dames (r. des)......	Gr. r. des Batignolles.	r. de Lévis.
17	Dames (r. des)......	av. des Ternes......	r. de Courcelles.
2	Damiette (r. de).....	cour des Miracles....	r. de Bourbon-Villen
14	Danville (r.).........	ancienne r. St-Pierre.	(Montrouge).
8	Dany (imp.).........	r. du Rocher........	r. Larochefoucauld.
14	Dareau (r.)..........	boul. Saint-Jacques...	route d'Orléans.
5	Daubenton (r.)......	r. Geoff.-St-Hilaire...	r. Mouffetard.
12	Daumenil (av.)......	r. de Lyon..........	pl. de Reuilly.
1	Dauphin (r. du).....	r. de Rivoli.........	r. St-Honoré.
6	Dauphine (r.)........	q. des Grands-Aug...	r. St-André-des-Arts.
1	Dauphine (pl.)......	r. du Harlay........	pl. du Pont-Neuf.
6	Dauphine (pass.)....	r. Dauphine........	r. Mazarine.
11	Daval (r.)...........	b. de Beaumarchais...	r. de St-Sabin.
16	David (r.)...........	r. de la Tour........	r. du Moulin.
20	Davoust (boul.).....	cours Vincennes.....	r. de Bagnolet.
17	Davy (r.)............	avenue St-Ouen.....	r. Balagny.
3	Debelleyme (r.).....	r. de Turenne.......	r. de Bagnolet.
16	Decamps (r.)........	r. de Lonchamp.....	ch. des Bassins.
1	Déchargeurs (r. d.)..	r. de Rivoli.........	r. St-Honoré.
14	Decrès (r.)..........	r. de la Procession....	r. du Transit.
2	Degrés (r. des)......	r. Beauregard.......	r. de Cléry.
18	Dejean (r.)..........	r. des Poissonniers...	ch. de Clignancourt.
20	Delaître (r.).........	r. des Panoyaux.....	r. de Ménilmontant.
14	Delambre (r.).......	b. d'Enfer..........	r. du Montparnasse.
16	Delaroche (r.).......	r. Vital............	pl. Possoz.
1	Delorme (gal.)......	r. de Rivoli.........	r. St-Honoré.
9	Delta (r.)............	r. du Faub.-Poissonn..	r. Rochechouart.
16	Demi-Lune (r. de la)	r. de Billancourt.....	route de Versailles.
17	Demours (r.)........	r. de la Chaumière...	r. de Courcelles.
10	Denain (r. de).......	b. de Magenta.......	r. de Dunkerque.
20	Dénoyez (r.).........	r. de Paris..........	r. de l'Orillon.
14	Deparcieux (r.).....	r. du Ch.-d'Asile....	r. de la Pépinière.
14	Départ (r. du).......	boul. Montparnasse...	boul. de Vanves.
18-19	Département (r. du)..	r. de l'Isly.........	Gr. r. de la Chapelle.
13	Dervilliers (r.).......	r. du Champ-de-l'All.	r. des Anglaises.
4	Desaix (q.)..........	pt Notre-Dame.......	pt au Change.
15	Desaix (r.)...........	av. de Suffren......	ch. de Grenelle.
16	Désaugiers (r.)......	r. Molière..........	r. du Buis.
16	Desbordes-Valmore(r.)	r. Ste-Claire........	r. de la Tour.
5	Descartes (r.).......	r. de la Mont.-Ste-G..	r. des Fossés-St-Vict.
17	Descombes (r.)......	r. de Louvain.......	route de la Révolte.
10	Désir (pass. du).....	r. du Faub.-St-Martin.	r. du Faub.-St-Denis.
20	Désirée (r.)..........	ch. des Partants.....	r. des Poiriers.
15	Desnouettes (r.).....	r. de Vaugirard.....	fortifications.
16	Despréaux (av.).....	r. Boileau..........	av. Molière.
14	Desprez (r.).........	r. de Constantine....	r. de l'Ouest.
17	Desrenaudes (r.)....	b. de Courcelles.....	r. des Dames.
1	Deux-Boules (r. des).	r. des Lavandières....	r. Bertin-Poirée.
1	Deux-Ecus (r. des)..	r. Prouvaires........	r. de Grenelle.
1	Deux-Lions (imp.des)	boul. Jourdan.	

ARR.	VOIES PUBLIQUES.	TENANTS.	ABOUTISSANTS.
13	Deux-Moulins......	b. de la Gare........	b. de l'Hôpital.
4	Deux-Ponts........	q. de Béthune	q. d'Anjou.
4	Deux-Portes.......	r. de Rivoli.........	r. de la Verrerie.
2	Deux-Portes-St-Sauv.	r. du Petit-Lion......	r. Thévenot.
10	Deux-Sœurs........	faub. Montmartre	r. Lamartine.
18	Diard (r.).........	r. Marcadet.........	r. de la Butte.
17	Docteur (r. du)....	ch. des Bœufs.......	fortifications.
5	Domat (r.).........	r. des Anglais.......	r. St-Jacques.
15	Dombasle (r.)......	Gr. r. de Vaugirard...	r. du Transit.
16	Dôme (r. du).......	r. du Bel-Air........	av. de S-Cloud.
16	Donizetti (r.)......	r. de la Fontaine.....	r. Neuve.
9	Douai (r. de)......	r. Pigalle...........	ch. la barr. Blanche.
10	Douane (r. de la)...	r. de Bondy.........	q. de Valmy.
18	Doudeauville (r.)...	Grande-Rue de la Ch..	r. des Poissonniers.
6	Dragon (cour du)...	r. de l'Egout........	r. du Dragon.
6	Dragon (r. du).....	rue Taranne.........	r. du Four-S.-G.
19	Drouin-Quentin (r.).	r. de Meaux.........	b. la Butte-Chaum.
19	Drouot (r.)........	b. Montmartre.......	r. de Provence.
10	Dubail (pas.)......	r. des Vinaigriers....	F. St-Martin.
4	Ducolombier (r.)...	r. St-Antoine........	r. Dormesson.
14	Ducouédic (r.).....	r. de la Tombe-Issoir.	route d'Orléans.
20	Duée (r. de la).....	r. de Calais.........	r. des Pavillons.
6	Duguay-Trouin (r.).	r. de l'Ouest........	r. de Fleurus.
15	Duguesclin (r.)....	r. de Bayard........	r. Dupleix.
15	Dulac (pass.)......	r. de Vaugirard.....	r. des Fourneaux.
17	Dulong (r.)........	r. des Dames........	r. Cardinet.
13	Duméril (r.).......	boul. St-Marcel......	boul. de l'Hôpital.
16	Dumont-Durville (r.)	av. d'Iéna..........	av. du Roi de Rome.
10-11	Dunkerque (r. de)...	pass. de Lafayette...	r. Rochechouart.
19	Dunkerque (r. de)...	pl. de Lille.........	q. de la Gironde.
13	Dubois (r.)........	boul. de la Gare.....	r. de la Croix-Rouge.
9	Duperré (r.).......	pl. de la R.-Montm...	r. Fontaine.
3	Dupetit-Thouars (r.).	pl. de la Rot.-du-T...	r. du Temple.
1	Duphot (r.)........	r. St-Honoré........	b. de la Madeleine.
6	Dupin (r.).........	r. de Sèvres........	r. du Cherche-Midi.
15	Dupleix (r.).......	av. Suffren.........	ch. de l'Ecole-Milit.
3	Dupuis-Béranger(r.).	r. Dupetit-Thouars...	r. Béranger.
6	Dupuytren (r.).....	r. de l'Ecole de Méd...	r. Monsieur-le-Prince.
7	Duquesne (av.)....	q. d'Orsay..........	av. de Ségur.
11	Duranti (r.).......	r. St-Maur..........	r. Folie-Regnault.
18	Durantin (r.)......	r. du Vieux-Chemin...	r. Lepic.
8	Duras (r. de)......	r. du Faub.-St-Honoré.	r. Marché-d'Aguess.
20	Duris (r.).........	r. des Amandiers....	r. des Cendriers.
7	Duroc (r.).........	b. des Invalides.....	pl. de Breteuil (anc.)
15	Dutot (r.).........	pl. d'Alleray.......	r. de la Procession.
7	Duvivier (r.)......	r. de Grenelle.......	av. de la Mothe-Piquet.
7	Eblé (r.)..........	b. des Invalides.....	av. de Breteuil.
6	Echaudé-St-G. (r.)...	r. de Seine.........	pl. Gozlin.
1	Echelle (r. de l')...	r. de Rivoli.........	r. St-Honoré.
10	Echiquier (r. de l')..	r. du Faub.-St-Denis..	r. du Faub.-Poissonn.
10	Ecluses-St-Martin (r.)	r. Grange-aux-Belles..	faub. St-Martin.
1	Ecole (pl. de l')...	q. de l'Ecole........	r. d. Prêt.-St-G.-l'Aux.
1	Ecole (q. de l')....	P^t Neuf............	q. du Louvre.
6	Ecole-de-Méd. (r.)..	b. Sébastopol.......	r. de Buci.
6	Ecole-de-Méd. (pl.)..	r. de l'Ecole de Méd...	r. A-Dubois.
5	Ec.-Polyt. (r. de l')..	r. des Sept-Voies....	r. de la M^{gne}-St-Genev.
5	Ecoles (r. des).....	r. St-Nicolas-du-Ch...	b. Saint-Michel.
5	Ecosse (r. d').....	r. St-Hilaire........	r. du Four.
4	Ecouffes (r. des)...	r. du Roi-de-Sicile...	r. des Rosiers.
8	Ecuries-d'Art. (r.)..	r. d'Angoulême-St-H..	r. du Faub.-St-Hon.
4	Eginhard (r.)......	r. St-Paul..........	r. Charlemagne.
17	Eglise (pl. de l')...	r. de l'Eglise.......	Batignolles (anc.)
12	Eglise (pl. de l')...	r. de Bercy.........	r. du Commerce.
15	Eglise (pl. de l')...	r. Blomet..........	Vaugirard (anc.)
19	Eglise (pl. de l')...	r. de Bordeaux......	Villette (anc.).

ARR.	VOIES PUBLIQUES.	TENANTS.	ABOUTISSANTS.
16	Eglise (r. de l')	r. Basse	Passy (anc.)
6	Egout (r. de l')	r. Gozlin	r. du Four.
20	Elisa Borey (r.)	r. des Amandiers	Buttes.
1	Elysée r. de l')	av. Gabriel	faub. St-Honoré.
15	Emeriau (r)	r. Chabrol	r. Linois.
16	Emper. (av. de l')	pl. du Roi-de-Rome	p. Dauphine.
3	Enf.-Rouges (r.)	r. Pastourelle	r. Portefoin.
14	Enfer (av. d')	r. Campagne 1re	b. d'Enfer.
5-1-14	Enfer (r. d')	r. Soufflot	b. d'Enfer.
14	Enfer (b. d')	b. Montparnasse	r. d'Enfer.
10	Enghien (r. d')	r. du Faub.-St-Denis	r. du Faub.-Poisson.
10	Entrepôt (r. de l')	r. du Faub.-du-Temple	r. de Lancry.
17	Entrepôt (r. de l')	r. Cardinet	fortifications.
15	Entrepren. (r. des)	q. de Javel	r. de la Croix-Nivert.
20	Envierges (r.)	r. Piat	r. de la Mare.
5	Epée-de-Bois (r. de l')	r. Gracieuse	r. Mouffetard.
6	Eperon (r. de l')	r. St-André-des-Arts	r. du Jardinet.
17	Epinettes (r. des)	ch. des Bœufs	ch. de fer.
12	Erard (r.)	r. de Charenton	r. de Reuilly.
6	Erfurth (r. d')	égl. St-Germ.-d.-Prés.	r. Gozlin.
16	Erlanger (r.)	Grande-Rue d'Auteuil	pl. de l'Exposition.
20	Ermitage (r. de l')	r. de Ménilmontant	r. St-Martin.
18	Ernestine (r.)	r. Doudeauville	r. Marcadet.
13	Espérance (r. de l')	Butte-aux-Cailles	r. de la Colonie.
7	Esplan. des Invalides.	dev. l'hôtel des Invalides	
13	Esquirol (r.)	place d'Ivry	r. des Deux-Moulins.
5	Essai (r. de l')	r. Poliveau	marché aux Chevaux.
19	Est-Pradier (r.)	r. St-Laurent	boul. Puebla.
7	Estrées (r. d')	b. des Invalides	pl. de Fontenoi.
17	Etoile (cité de l')	pl. de l'Arc-de-Triom.	r. des Acacias.
2	Etoile (imp. de l')	r. Thévenot	r. de l'Hôtel-de-Ville.
4	Etoile (r. de l')	q. des Ormes	r. des Acacias.
17	Etoile (r. de l')	b. de l'Etoile	cour des Miracles.
20	Eupatoria (r.)	r. des Couronnes	r. de la Mare.
8	Europe (pl. de l')	r. de Berlin	r. de Londres.
1	Evêque (r. de l')	r. des Frondeurs	r. des Orties.
16	Eylau (pl.)	av. d'Eylau	av. Bugeaud.
16	Eylau (av. d')	pl. de l'Etoile	r. Porte-Muette.
7	Fabert (r.)	q. d'Orsay	r. de Grenelle.
16	Faisanderie (r. de la)	av. d'Eylau	av. Bugeaud.
4	Fauconnier (r. du)	r. du Figuier	r. Charlemagne.
18	Fauvet (pass.)	r. des Couronnes	r. Cavé.
18	Fauvet (r.)	r. des Carrières	av. de St Ouen.
2	Favart (r.)	r. Grétry	b. des Italiens.
15	Favorites (p. des)	r. de Vaugirard	rond-pt des Tourn.
6	Félibien (r.)	r. Clément	r. Lobineau.
17	Félicité (r. de la)	route d'Asnières	r. de la Santé.
4	Femme-S.-Tête (r.)	r. St-Louis	q. de Bourbon.
9	Fénelon (cité)	r. N. des Martyrs	r. de la Tour-d'Auv.
15	Fenoux (r.)	pl. de l'Eglise	r. Groult d'Arcy.
5	Fer-à-Moul. (r. du)	r. de Fossés-St-Marc.	r. Mouffetard.
3	Ferd. Berthoud (r.)	r. Montgolfier	r. Vaucanson.
14	Fermat (r.)	r. du Ch. d'Asile	r. de la Pépinière.
15	Ferme (r. de la)	av. Suffren	av. Lamotte-Piquet.
89	Ferme-d.-Math.(r.)	r. Saint-Nicolas	r. Basse-du-Rempart
10	Ferme St-Lazare	b. Magenta	r. de Chabrol.
17	Fermiers (r. des)	route d'Asnières	r. de la Santé.
6	Férou (r.)	pl. St-Sulpice	r. de Vaugirard.
1	Ferronnerie (r. de la)	r. St-Denis	r. des Déchargeurs.
14	Fetus (r)	av. du Petit-Château	à Bercy (anc.)
19	Fessart (r.)	r. de la Villette	r. de Meaux.
5	Feuillantines (r.d.)	r. de l'Arbalète	r. St-Jacques.
10	Feuillet (pass.)	r. des Ecluses St-M	q. Valmy.
18	Feutrier (r.)	r. St-André	r. Muller.
2	Feydeau (r.)	r. Montmartre	r. de Richelieu.

ARR.	VOIES PUBLIQUES.	TENANTS.	ABOUTISSANTS.
10	Fidélité (r. de la)...	r. du Faub.-St-Martin..	r. du Faub.-St-Denis.
4	Figuier (r. du)......	r. de l'Hôtel-de-Ville..	r. Charlemagne.
2	Filles-Dieu (r. des)...	r. St-Denis...........	r. de Bourbon-Villen.
3	Filles-du-Calv. (r.)..	r. Turenne...........	b. des Filles-du-Calv.
2-3	Filles-du-Calv. (b.)..	r. du Pont-aux-Choux.	r. Ménilmontant.
2	Filles-St-Th. (r. d.)..	r. Vivienne..........	r. Richelieu.
19	Flandre (r. de)......	b. de la Villette.....	fortifications.
16	Flandrin (boul.)....	boul. de l'Empereur...	r. du Puits-Art.
9	Fléchier (r.)........	r. Ollivier..........	r. du Faub.-Montmart.
17	Fleurs (cité des)...	r. Balagny..........	Batignolles (anc.).
6	Fleurus (r. de)......	r. Bonaparte........	r. N.-D.-des-Champs.
18	Fleury (r.)..........	b. de la Chapelle....	r. de la Charbonnière.
19	Florence (r. de)....	r. Lauzin...........	Belleville (anc.).
3	Foin (r. du).........	r. Ch.-des-Minimes...	r. Turenne.
11	Folie-Méricourt (r.)..	r. Ménilmontant.....	r. Fontaine-au-Roi.
11	Folie-Regnault (r.)..	r. de la Muette.....	r. des Amandiers.
15	Fondary (r.)........	r. de Lourmel.......	r. de la Croix-Nivert.
12	Fonds-Verts (r. d.)..	r. du Commerce.....	r. de Charenton.
13	Font. à Mulard (r.)..	r. Butte-aux-Cailles...	r. du Pot-au-lait.
11	Font.-au-Roi (r.)...	r. du Faub.-du-Temple.	r. St-Maur.
18	Font.-du-But (r.)...	r. des Brouillards....	ch. des Bœufs.
1	Fontaine-Molière (r.)	r. St-Honoré........	r. du Hasard.
9	Font.-St-Georg. (r.)..	r. Chaptal..........	pl. de la bar. Blanche.
5	Fontaine S-Marcel (r.)	r. Daubenton........	r. du Puits-de-l'Ermit.
1	Fontaines (cour des).	r. des Bons-Enfants..	r. de Valois.
3	Fontaines du Temple.	r. du Temple........	r. Volta.
17	Font.-d.-Ternes (r.).	r. de Louvain.......	fortifications.
3	Fontaines (r. des)...	r. du Temple.......	r. Volta.
17	Fontaines (r. des)...	r. Decombes........	r. de la Font.-d.-T.
13	Fontainebleau (r.)...	b. d'Ivry...........	fortifications.
5	Fontanes (r. de)...	b. St-Germain.......	r. des Écoles.
20	Fontarabie (r. de)...	r. de Paris..........	r. de la Voie.
18	Fontenelle (r. de la).	ch. de Clignancourt...	r. des Rosiers.
7	Fontenoy (pl. de)...	av. de Lowendal.....	av. de Saxe.
16	Fonts (r. des)......	r. de l'Assomption...	sentier de la Glacière.
18	Forest (r.)..........	boul. Clichy........	r. Capron.
3	Forez (r. du).......	r. Charlot..........	r. Beaujolais.
2	Forges (r. des).....	r. de Damiette......	pl. du Caire.
13	Fortin (avenue)....	r. de la Tripière.....	route de Choisy.
8	Fortin (r.).........	r. de l'Outhieu.....	r. des Écuries-d'Art.
5	Fossés St-Bernard...	q. Saint-Bernard....	r. Saint-Victor.
1	Fossés St-Ger.-l'Aux.	r. de Rivoli........	pl. du Louvre.
5	Fossés St-Jacques...	r. Saint-Jacques....	r. des Postes.
5	Fossés St-Victor....	r. Saint-Victor.....	r. Thouin.
21	Fossés du Temple...	r. Oberkampf......	b. du Prince-Eugène.
5	Fouarre (r. du).....	r. de la Bûcherie...	r. Galande.
6	Four-St-Germain (r.)	carr. de l'Abbaye....	carr. de la Croix-Rouge
5	Four-St-Jacques (r.)	r. des Sept-Voies....	r. d'Écosse.
4	Fourcy-St-Ant. (r.)..	r. de Jouy.........	r. St-Antoine.
15	Fourneaux (b. des)..	av. et ch. du Maine...	r. des Fourneaux.
15	Fourneaux (ch. des).	b. d'Issy...........	route du Transit.
15	Fourneaux (r. des)..	r. de Vaugirard.....	ch. du Maine.
17	Fourniat (r.).......	b. de Monceaux.....	r. de Chazelles.
1	Fourreurs (r. des)..	r. des Lavandières...	r. des Déchargeurs.
2	Française (r.).......	r. Mauconseil......	r. du Petit-Lion.
18	France-Nouv. (r.)..	b. des Poissonniers...	pl. Belhomme.
17	Francfort (r. de)....	r. Bienfaisance.....	r. de M. Beaujon.
8	François Ier (pl.)....	r. de Bayard.......	r. Jean-Goujon.
8	François Ier (r.)....	cours-la-Reine.....	b. de l'Alma.
4	Franç. Miron.......	à St-Gervais.......	r. Fourcy.
18	Francs-Bourg.(r.d.)..	r. d'Aubervilliers....	grande r. de la Chap.
3-4	Fr.Bourg.-au-M. (r.)	r. Pavée et Payenne...	r. Vieille-du-Temple.
5-13	Fr.-Bourg.-St-Marc..	r. des Fossés-St-Marc.	p. de la Collégiale.
18	Fr.-Bourgeois (ch.)..	Grande-Rue.........	r. d'Aubervilliers.
16	Franklin (r.).......	b. de Longchamp...	r. Benj.-Delessert.
15	Frémicourt (r.).....	pl. de la barr. de l'Éc.	r. du Commerce.

ARR.	VOIES PUBLIQUES.	TENANTS.	ABOUTISSANTS.
14	Friant (r.)..........	r. de Chatillon........	boul. Brune.
8	Friedland (av.)....	r. des Ecuries d'Arl...	pl. de l'Etoile.
9	Frochot (r.)........	r. Laval.............	r. Pigalle.
3	Froissart (r.)......	r. N^e Ménilmontant....	r. Turenne.
5	Fromentel (r.).....	r. Chartières........	r. du Cimetière-S^t-B.
1	Frondeurs (r. des)..	r. St-Honoré.......	r. de l'Evêque.
13	Fulton (r.).........	q. d'Austerlitz.......	r. de la Gare.
6	Furstemberg (r.)...	r. Jacob.............	r. de l'Abbaye.
8	Gabriel (avenue)....	pl. de la Concorde....	av. Matignon.
18	Gabrielle (r.).......	pl. Nouvelle.........	r. du Vieux-Marché.
9	Gaillard (cité).....	r. Léonie............	r. Blanche.
2	Gaillon (r.)........	r. N^e-des-Pet.-Champs.	r. N^e-St-Augustin.
14	Gaîté (r. de la)....	r. du Chemin de fer....	chaus. du Maine.
5	Galande (r.).......	pl. Maubert.........	r. St-Jacques.
8-16	Galilée (r.)........	anc. r. du Chemin de Versailles.	
20	Galleron (r.).......	r. du Château.......	r. St-Germain
12	Gallois (r.)........	port de Bercy........	r. de Bercy.
17	Galvani (r.)........	r. de l'Arcade.......	r. de la Révolte.
11	Gambey (r.)........	r. de Ménilmontant....	r. d'Angoulême.
6	Garancière (r.).....	r. St-Sulpice.........	r. de Vaugirard.
18	Gardes (r. des).....	r. des Couronnes.....	r. de Constantine.
18	Gare (b. de la)....	q. d'Austerlitz.......	route de Choisy.
13	Gare (q. de la).....	p^t de Bercy........	fortifications.
13	Gare (r. de la)....	ch. de r. de la Gare...	b. de l'Hôpital.
18	Gare (r. de la)....	r. du Nord..........	Gr. r. de la Chapelle.
18	Garreau (r.)........	r. du Vieux-Chemin...	r. Durantin.
20	Gasnier-Guy (r.)....	r. des Partants.......	ch. de Oiseaux.
17	Gauthey (r.).......	r. des Couronnes.....	r. de Constantine.
8	Gautrin (pas.)......	r. Marignan.........	r. Marbœuf.
5	Gay-Lussac (r.)....	boul. St-Michel......	r. des Feuillantines.
13	Gaz (r. du)........	b. d'Ivry...........	r. des Champs.
13	Génie (r. du)......	r. de Fontainebleau...	r. du Bel-Air.
14	Gentilly (r. de)....	ch. de la Tombe-Issoire.	r. de la Tombe-Issoire.
13	Gentilly-St-M. (r.)..	r. Mouffetard........	b. des Gobelins.
4	Geoffroy-l'Angevin(r.)	r. du Temple........	r. Beaubourg.
4	Geoffroy-Lasnier (r.).	q. de la Grève.......	r. St-Antoine.
9	Geoffroy-Marie (r.)..	r. du Faub.-Montm...	r. Richer.
5	Geoffroy-St-Hil.(r.)..	r. du Fer-à-Moulin...	r. Cuvier.
14	Géorama (r. du)....	ch. du Maine........	r. du Terrier-aux-L.
13	Gérard (r.)........	b. d'Italie...........	r. de la Butte-aux-C.
15	Gerbert (r.)........	r. Blomet...........	r. de Vaugirard.
11	Gerbier (r.)........	r. Folie-Regnault.....	r. de la Roquette.
16	Géricault (r.)......	r. de La Fontaine....	r. Poussin.
18	Germain-Pilon (r.)..	boul. Pigalle........	r. de la Cure.
5	Gerson (pl.).......	r. St-Jacques........	r. Gerson.
5	Gerson (r.)........	pl. Gerson..........	pl. Sorbonne.
4	Gesvres (q. de)....	r. St-Martin........	pont au Change.
15	Ginoux (r.)........	r. de Grenelle.......	r. Traversière.
19	Gironde (q. de la)...	gare Circulaire.......	Villette (anc.)
6	Git-le-Cœur (r.)....	q. des Gr.-Augustins.	r. St-André-des-Arts.
13	Glacière (r. de la)...	r. de Lourcine.......	b. d'Italie.
16	Glacière (r. de la)...	r. de Vignes........	r. de l'Assomption.
13	Gobelins (r. des)....	r. Mouffetard........	rivière de Bièvre.
13	Godefroy (r.).......	r. de la b. d. Gobelins.	pl. de la bar. d'Italie.
9	Godot-de-Mauroy (r.).	r. Basse-du-Rempart..	r. N^e-des-Mathurins.
18	Godeler (cité)......	av. Montaigne.......	r. Marbœuf.
1	Gomboust (r.)......	r. St-Roch..........	pl. du Marc.-St-Honoré
12	Gondi (ruelle).....	r. de Charenton.....	ch. des Meuniers.
18	Goutte-d'Or (r. de la)	r. des Couronnes.....	r. des Poissonniers.
17	Gouvion-St-Cyr (b.)..	porte de la Révolte....	porte de Neuilly.
6	Gozlin (r.).........	r. de l'Egout........	pl. Gozlin.
5	Gracieuse (r.)......	r. d'Orléans-St-Marcel.	r. de Lacépède.
2	Grammont........	r. N^e-St-Augustin.....	b. des Italiens.
2	Grand-Cerf (p. du)..	r. Saint-Denis.......	r. des Deux-Portes.
3	Grand-Chantier (r. du)	r. des Quatre-Fils.....	r. Pastourel.

DICTIONNAIRE DES RUES.

ARR.	VOIES PUBLIQUES.	TENANTS.	ABOUTISSANTS.
11	Grand-Prieuré (r. du)	r. Crussol............	r. Rampon.
10	Grand-St-Michel (r.)	q. Valmy............	r. St-Martin.
16	Grande Armée (av.).	pl. de l'Étoile........	porte de Neuilly.
6	Grande Chaumière(r.)	r. N.-D.-des-Champs...	b. Montparnasse.
1	Gr.-Truanderie (r.)..	r. St-Denis...........	r. Montorgueil.
16	Grande-Rue Auteuil..	r. Boileau..........	b. Murat.
17	Grande-Rue Batign...	b. des Batignolles. ...	av. de Clichy.
12	Grande-Rue Bercy...	b. de Bercy	r. Grange-aux-Merc.
18	Grande-Rue Chapelle	pl. de la Chapelle.....	porte de la Chapelle.
16	Grande-Rue Passy...	carref. de la Montagne.	ch. de la Muette.
15	Grande-Rue Vaugir...	b. de Vaugirard	porte de Versailles.
18	Gr. Carrières (r. des).	r. de Maistre........	chemin des Bœufs.
6	Gr.-Augustins(q. des)	pl. du P^t-St-Michel....	r. Dauphine.
6	Gr.-Augustins (r. des)	q. des Gr.-Augustins..	r. St-André-des-Arts.
5	Grands-Degrés (r.des)	q. de la Tournelle.....	r. du Haut-Pavé.
10	Grange-aux-B. (r.)..	q. de Jemmapes.....	boul. la Villette.
9	Grange-Batelière (r.)	r. du Faub.-Montmartre.	r. Chauchat.
3	Gravilliers (r. des)..	r. du Temple........	r. St-Martin.
8	Greffulhe (r.).......	r. Castellane........	r. N^{re}-d.-Mathurins.
6	Grégoire-d.-Tours(r.)	r. de Buci..........	r. des Quatre-Vents.
15	Grenelle (b. de)....	av. de la Motte-Piquet.	r. de Grenelle.
15-15	Grenelle (q. de)....	b. de Javel...	p^t-de-Grenelle.
1-7	Grenelle-St-G. (r.)...	carr. de la Cr.-Rouge..	av. de la Bourdonnaye
1	Gren.-St-Hon.(r.)....	r. St-Honoré.........	r. Coquillière.
2-3	Gréneta (r.)........	r. St-Martin.........	r. St-Denis.
3	Grenier-St-Laz. (r.)	r. Beaubourg.......	r. St-Martin.
4	Gren.-sur-l'Eau(r.)..	r. Geoffroy-Lasnier...	r. des Barres.
2	Grétry (r.).........	r. Favart...........	r. Grammont.
16	Greuze (r.).........	b. de Longchamp.....	r. de la Croix.
4	Grève (q. de la)....	r. Geoffroy-Lasnier...	pl. de l'Hôtel-de-Ville.
7	Gribeauval(r. de). ..	p. St-Thomas-d'Aquin..	r. du Bac.
5	Gril (r. du)..	r. Censier..........	r. d'Orléans.
16	Gros (r.)....	Rond-point du Pont...	r. de la Fontaine.
15	Groult-d'Arcy (r.)...	r. de Sèvres........	Gr.-Rue de Vaugirard
18	Gué (r. du)........	Grande-r. de la Chap...	r. du Nord.
6	Guénégaud (r.)....	q. de Conti.........	r. Mazarine.
3-2	Guérin-Boisseau (r.).	r. de Palestro.......	r. St-Denis.
16	Guichard (r.)	pl. Possoz..........	Gr.-R.de Passy.
20	Guignier (r. du)....	r. St-Martin.........	r. des Rigoles.
4	Guillaume (r.)....	q. d'Orléans........	r. St-Louis.
14	Guilleminot (r.)	r. de l'Ouest........	r. St-Louis.
4	Guillemites (r. des)..	r. des Blancs-Mant....	r. de Paradis.
16	Guillou (r.)........	r. du Ranelagh......	r. Basse.
6	Guisarde (r.).......	r. Mabillon.........	r. des Canettes.
17	Guttin (pas.).... ...	av. de Clichy.......	fortifications.
5	Guy-de-la-Brosse (r.)	r. Jussieu..........	r. Linné.
10	Guy-Patin (r.)......	boul. Magenta........	boul. La Chapelle.
17	Guyot (r.)..........	b. de Neuilly........	r. de Courcelles.
20	Haies (r. des).......	r. de Montreuil......	r. Courat.
9	Halévy (r.).........	boulev. des Capucines..	
14	Halles (r. des)......	r. St-Denis..........	r. Lavandières-Ste-Opp.
1	Hallé (r.)..........	r. de la Tombe-Issoire.	av. du Commandeur.
5	Halle-aux-Cuirs(r.d.)	r. Censier..........	r. du Fer à Moulin.
8	Hambourg (r. de)..	r. d'Amsterdam......	r. de Valois.
15	Hameau (r. du)....	r. Notre-Dame.......	fortifications.
2	Hanovre (r. de)	r. de Choiseul.......	r. du Port-Mahon.
3	Harlay-au-Mar. (r.).	b. de Beaumarchais...	r. St-Claude.
1	Harlay-au-Pal. (r.)..	q. de l'Horloge......	q. des Orfèvres.
13	Harvey (r.).........	r. Nationale........	r. du ch. des Rentiers.
19	Hassard (r.).......	r. du Plateau........	r. d. Petits-Chaum.
8	Haussmann (b.)....	r. Caumartin........	av. Friedland.
5	Haut-Pavé (r.).....	q. Montebello........	r. des Gr.-Augustins.
20	Hautes-Gatines.....	r. de Charonne......	r. des Champs.
20	Hautes-Vignoles.....	b. de Charonne......	pl. de la Réunion.
6	Hautefeuille (r.)....	pl. St-André-des-Arts..	r. de l'École-de-Méd.

ARR.	VOIES PUBLIQUES.	TENANTS.	ABOUTISSANTS.
10	Hauteville (r. d')	b. Bonne-Nouvelle	pl. de Lafayette.
19	Hautpoul (r. d')	r. d'Allemagne	r. de Paris.
9	Havre (pass. du)	r. de Caumartin	r. St-Lazare.
8-9	Havre (r. du)	r. St-Nicolas-d'Antin	r. St-Lazare.
17	Havre (r. du)	r. Lebouteux	r. d'Orléans.
19	Haxo (r.)	r. du Chemin-Neuf	boul. Serrurier.
1	Hazard (r. du)	r. de la Fontaine-Mol	r. Ste-Anne.
18	Hébert (pl.)	r. d'Aubervilliers	r. des Rosiers.
9	Helder (r. du)	b. des Italiens	r. Lemercier.
17	Hélène (r.)	Grande-r. des Bat	r. Taitbout.
13	Hélène-Gauthier (r.)	r. de la Santé	r. de Palmyre.
20	Henri-Chevreau	ch. Ménilmontant	r. de la Mare.
15	Henrion-d.-Pansey(r.)	r. de la Procession	r. du Moulin-de-la-V.
4	Henri Quatre (q.)	b. Morland	q. des Célestins.
15	Héricart (r.)	pont de Grenelle	pl. St-Louis.
18	Hermel (r.)	r. des Portes-Blanche	dans les champs.
16	Hérold (r.)	av. de Boulainvilliers	r. Molière.
15	Herr (r.)	r. de l'Eglise	r. de Javel.
6	Hirondelle (r. de l')	pl. du Pt-St-Michel	r. Git-le-Cœur.
15	Hoche (r.)	r. Kléber	r. Duguesclin.
11	Holzbacher (cité)	r. des Trois-Bornes	r. Fontaine-au-Roi.
4	Homme-Armé(r.del')	r. Ste-Croix-de-la-Br	r. des Blancs-Mant.
6	Honoré-Chevalier (r.)	r. Bonaparte	r. Cassette.
5-13	Hôpital (b. de l')	pl. Walhubert	pl. de la barr. d'Italie
10	Hôp.-St-Louis (r.del')	r. Grange-aux-Belles	q. Jemmape.
1	Horloge (q. de l')	pt-au-Change	pont Neuf.
4	Hospit.-St-G. (r. des)	r. des Rosiers	r. des Fr.-Bourgeois.
5	Hôtel-Colbert (r.del')	q. Montebello	r. Galande.
4	Hôtel-de-V.(pl.d.l')	q. le Pelletier	Batignolles (anc.)
17	Hôtel-de-V.(r. de l')	b. des Batignolles	pl. de Lafayette.
20	Houdard (r.)	r. des Amandiers	r. de Mogador.
18	Houdon (r.)	q. de l'Oise	r. de Flandre.
5	Huchette (r. de la)	r. du Petit-Pont	r. de la Harpe.
14	Humboldt (r.)	r. de la Santé	r.du Faub.-St-Jacques.
16	Iéna (av. d')	pl. de l'Etoile	boul. de l'Empereur.
2	Iéna (r.)	q. d'Orsay	r. de Grenelle.
4	Ile-Louviers (r. de l')	q. Henri IV	boul. Morland.
16	Impératrice (av. de l')	pl. de l'Arc-de-Triomp.	bois de Boulogne.
18	Impératrice (r. de l')	r. Biron	r. Lécuyer.
10	Industrie (p. de l')	r. du Faub.-St-Martin	r. du Faub.-St-Denis.
15	Industrie (p. de l')	r. des Marais	r. de Sèvres.
16	Ingres (av.)	b. de la Reine-Hort	porte de Passy.
1	Innocents (sq.)	r. aux Fers	r. St-Denis.
1	Innocents (r. des)	r. St-Denis	r. de la Lingerie.
7	Invalides (b. des)	r. de Grenelle-St-Germ	r. de Sèvres.
7	Invalides (pl. des)	r. de Grenelle	à l'Esplanade.
5	Irlandais (r. des)	r. de la Vieill.-Estrap	r. des Postes.
8	Isly (r. de l')	r. du Havre	r. de l'Arcade.
13	Italie (b. d')	pl. d'Italie	pl. du Maroc.
13	Italie (pl. d')	r. Mouffetard	r. de la Santé.
2-9	Italiens (b. des)	r. de Richelieu	boul. de l'Hôpital.
5	Jacinthe (r.)	r. des Trois-Portes	r. Galande.
6	Jacob (r.)	r. de Seine	r. des Saints-Pères.
11	Jacquart (r.)	r. Terneaux	r. de Ménilmontant.
4	Jacques-de-Brosse(r.)	q. de Grève	r. Pourt. St-Gervais.
6	Jardinet (r. du)	r. Mignon	r. de l'Eperon.
12	Jardiniers (r. des)	r. de Charenton	ch. des Meuniers.
18	Jardins (r. des)	ruelle Ste-Geneviève	r. des Réservoirs.
4	Jardins (r. des)	q. St-Paul	r. Charlemagne.
4	Jarente (r.)	r. du Val-Ste-Cather	r. Culture-Ste-Cather.
15	Javel (q. de)	p. de Grenelle	fortifications.
15	Javel (r. de)	q. de Javel	r. Blomet.
6	Jean-Bart (r.)	r. de Vaugirard	r. de Fleurus.
4	Jean-Beau Sire (r.)	b. Beaumarchais	r. St-Antoine.

DICTIONNAIRE DES RUES.

ARR.	VOIES PUBLIQUES.	TENANTS.	ABOUTISSANTS.
5	Jean-de-Beauvais (r.)	r. des Noyers	r. Saint-Hilaire.
16	Jean-Bologne (r.)	r. Basse	Passy (anc.)
1-8	Jean-Goujon (r.)	av. d'Antin	av. Montaigne.
1	J.-J.-Rousseau (r.)	r. Coquillière	r. Montmartre.
1	Jean-Lantier (r.)	r. St-Denis	r. Bertin-Poirée.
18	Jean-Robert (r.)	r. Doudeauville	r. Marcadet.
1	Jean-Tison (r.)	r. de Rivoli	r. Bailleul.
15	Jeanne (r.)	r. de la Procession	ch. des Fourneaux.
15	Jeanne-d'Arc (r.)	r. d'Orléans	pl. de la Promenade.
15	Jeanne-d'Arc (pl.)	r. Lahire	r. Jeanne-d'Arc.
17	Jeanne-d'Asnières (r.)	r. d'Orléans	pl. de la Promenade.
10	Jemmapes (q. de)	pl. de la Bastille	b. de la Butte-Ch.
18	Jessaint (pl. de)	b. de la Chapelle	r. de Jessaint.
18	Jessaint (r. de)	Gr.-rue de la Chapelle	r. de la Goutte-d'Or.
11	Jeu-de-Boules (r. du)	r. des Fossés-du-Temp.	r. de Malte.
2	Jeûneurs (r. des)	r. Poissonnière	r. Montmartre.
19	Joinville (cour de)	q. de l'Oise	r. de Flandre.
14	Jolivet (r.)	b. de Vanves	r. de la Gaité.
13	Jonas (r.)	boul. d'Italie	r. de la Butte.
2	Joquelet (r.)	r. Montmartre	r. N.-D.-des-Victoires.
16	Joséphine (av.)	pt de l'Alma	pl. de l'Étoile.
9	Joubert (r.)	r. de la Chauss.-d'Ant.	r. de Caumartin.
9	Jouffroy (pass.)	b. Montmartre	r. de la Gr.-Batelière.
1	Jour (r. du)	r. Coquillière	r. Montmartre.
14	Jourdan (boul.)	porte de Gentilly	porte d'Orléans.
16	Jouvenet (r.)	r. de Versailles	aven. Boileau.
4	Jouy (r. de)	r. des Nonnains-d'H	r. St-Antoine
20	Jouye-Rouve (r.)	r. Julien-Lacroix	r. de Paris.
15	Juge (r.)	r. Lelong	r. Violet.
4	Juifs (r. des)	r. de Rivoli	r. des Rosiers.
20	Juillet (r. de)	ch. Ménilmontant	ch. des Partants.
12	Jules-César (r.)	r. de Lyon	boul. Contrescarpe.
20	Julien-Lacroix (r.)	sq. Napoléon	r. de Paris.
13	Julienne (r.)	r. Pascal	r. de Lourcine.
2	Jussienne (r. de la)	r. Pagevin	r. Montmartre.
5	Jussieu (r. de)	r. Cuvier	pl. St-Victor.
20	Justice (r. de la)	r. du Chemin-Neuf	r. de Ménilmontant.
19	Kabylie (r. de)	boul. de la Villette	r. d'Isly.
11	Keller (r.)	r. de Charonne	r. de la Roquette.
13	Kellermann (boul.)	porte d'Italie	porte de Gentilly.
16	Keppler (r.)	r. Chaillot	ch. de Versailles.
15	Kléber (r.)	q. d'Orsay	av. Suffren.
18	Labat (r.)	ch. de Clignancourt	r. Marcadet.
8	La Baume (r. de)	r. de Courcelles	av. Perrier.
17	Labie (r.)	av. des Ternes	r. St-Marie.
8	La Borde (r.)	r. du Rocher	boul. Haussmann.
8	La Borde (pl.)	r. La Borde	r. Malesherbes.
7	La Bourdonnaye (r.)	q. d'Orsay	av. de la Motte-Piq.
7	La Bourdonnaye (av.)	av. de Tourville	av. de Lowendal.
9	La Bruyère (r.)	r. N.-D.-de-Lorette	r. Pigalle.
5	Lacépède (r.)	r. Geoffroy-St-Hilaire	r. Mouffetard.
7	La Chaise (r. de)	r. de Grenelle	r. de Sèvres.
15	Lacretelle	anc. r. des Carrières	Vaugirard.
17	Lacroix (r.)	av. de Clichy	r. St-Elisabeth.
12	Lacuée (r.)	q. de la Rapée	r. de Bercy.
10	Lafayette (r. de)	boul. de la Villette	r. de la Ch.-d'Antin.
10	Lafayette (pas. de)	r. de Lafayette	r. d'Hauteville.
10	Lafayette (pl. de)	r. de Strasbourg	r. de Lafayette.
9	Laferrière (pas. d.)	r. N.-D.-de-Lorette	r. Bréda.
1-2	La Feuillade (r. du)	pl. des Victoires	r. de la Vrillière.
9	Laffitte (r.)	b. des Italiens	r. Ollivier.
16	La Fontaine	r. de l'Assomption	Grande-Rue.
20	(r. de)	b. de Montreuil	fortifications.
18	(r.)	r. des Cinq-Moulins	r. Léon.

1...

ARR.	VOIES PUBLIQUES.	TENANTS.	ABOUTISSANTS.
5	La Harpe (r. de)	r. de la Huchette	boul. St-Germain.
13	La Hire (r.)	r. Clisson	pl. Jeanne-d'Arc.
14	Lalande (r.)	r. du Champ-d'Asile	r. Larochefoucauld.
9	Lallier (r.)	av. Trudaine	r. Rochechouart.
18	Lamandé (r.)	r. St-Charles	r. d'Orléans.
17	Lamare (r.)	r. de la Chaumière	r. de l'Arcade.
9	Lamartine (r.)	r. Cadet	r. du Faub.-Montm.
18	Lambert (r.)	r. Nicolet	r. Lécuyer.
7-15	Lamotte-Piquet (av.)	boul. de la Tour-Maub.	boul. de Grenelle.
12	Lancette (r. de la)	r. de Charenton	Bercy (anc.)
16	Lancret (r.)	r. de Versailles	Auteuil (anc.),
10	Lancry (r.)	r. de Bondy	q. de Valmy.
16	Lannes (boul.)	r. de la Porte-Muette	av. de l'Empereur.
5	Laplace (r.)	r. Mont. Ste-Geneviève	r. des Sept-Voies.
16	La Perouse (r.)	av. d'Iéna	av. du Roi-de-Rome.
15	La Quintinie (r.)	r. d'Alleray	r. de la Procession.
1	Lard (r. au)	r. de la Lingerie	r. des Bourdonnais.
1	La Réale (r. de)	r. Rambuteau	r. de la Gr.-Truander.
1-4	La Reynie (r. de)	r. St-Martin	r. St-Denis.
12	Laroche (r.)	av. du Petit-Château	r. Léopold.
9	La Rochefoucault (r.)	r. St-Lazare	r. Pigalle.
14	La Rochefoucault (r.)	r. Boulard	ch. du Maine.
6	Larrey (r.)	r. du Jardinet	r. de l'Ecole-de-Méd.
7	Las-Cases (r.)	r. de Bellechasse	r. de Bourgogne.
19	Lassus (r.)	r. de Paris	Belleville (anc.)
9	La Tour-d'Auverg. (r.)	r. Rochechouart	r. des Martyrs.
7	Latour-Maubourg (b.)	q. d'Orsay	av. de Tourville.
5	Latran (r. de)	r. de Beauvais	r. Thénard.
17	Laugier (r.)	anc. r. de la Chaumière	Ternes.
16	Lauriston (r.)	r. de Longchamp	pl. de l'Arc-de-Triom.
19	Lauzin (r.)	r. St-Laurent	Belleville (anc.)
11	La Vacquerie (r. de)	r. Folie-Regnault	r. de la Roquette.
9	Laval (r.)	r. des Martyrs	r. Pigalle.
5	Lavandières (r. d.)	pl. Maubert	r. des Noyers.
1	Lavand.-St-Opp. (r.)	r. St-Germain-l'Aux	r. des Fourreurs.
8	Lavoisier (r.)	r. d'Anjou-St-Honoré	r. d'Astorg.
1	La Vrillière (r. de)	r. Croix-des-Pet.-Ch.	r. N.-d.-Bons-Enfants.
15	Leblanc (r.)	q. de Javel	r. de Sèvres.
14	Lebouis (r.)	r. de l'Ouest	r. de Vanves.
17	Lebouteux (r.)	r. de la Santé	r. de Lévis.
17	Lechapelais (r.)	Gr.-r. des Batignolles	r. Lemercier.
14	Leclerc (r.)	r. du Faub.-St-Jacques	b. St-Jacques.
17	Lécluse (r.)	b. des Batignolles	r. des Dames.
17	Lecomte (r.)	r. d'Orléans	r. Ste-Thérèse.
15	Lecourbe (r.)	boul. de Grenelle	boul. Victor.
18	Lécuyer (r.)	ch. de Clignancourt	r. Lambert.
15	Lefebvre (boul.)	ch. de fer de l'Ouest	porte de Versailles.
17	Legendre (r.)	av. de Clichy	r. Lévis.
19	Legrand (r.)	b. du Combat	r. Asselin.
12	Legraverend (r.)	b. Mazas	r. Beccaria.
16	Lekain (r.)	r. de l'Eglise	r. Singer.
13	Lemaignan (r.)	r. de la Glacière	Gentilly (anc.)
16	Lemarois (r.)	boulevard de Sèvres	fortifications.
17	Lemercier (r.)	r. des Dames	r. Cardinet.
2	Lemoine (pass.)	b. de Sébastopol	r. St-Denis.
12	Lenoir St-Ant.- (r.)	pl. du Marché-Beauv.	r. du Faub-St-Antoine
18	Léon (r.)	r. Cavé	r. d'Oran.
14	Léonidas (pass.)	r. du Ch.-des-Bœufs	r. du Terrier-aux-L.
9	Léonie (r.)	r. Boursault	r. Chaptal.
8	Léonie (r.)	r. des Glaciers	r. des Trois-Frères.
12	Léopold (r.)	port de Bercy	r. de Bercy.
4	Lepelletier (q.)	pl. de l'Hôtel-de-Ville	r. St-Martin.
9	Le Peletier (r.)	b. des Italiens	r. de Provence.
18	Lepic (r.)	boulev. Pigalle	r. du Vieux-Chemin.
4	Le Regrattier (r.)	q. d'Orléans	r. St-Louis.
16	Leroux (r.)	av. de St-Cloud	r. du Petit-Parc.

ARR.	VOIES PUBLIQUES.	TENANTS.	ABOUTISSANTS.
20	Lesage (r.)........	r. de Tourtille.......	r. Jouy.
4	Lesdiguières (r. de)..	r. de la Cerisaie......	r. St-Antoine.
16	Le Sueur.........	r. des Rochers.......	av. Porte-Maillot.
15	Letellier (r.).......	r. Lelong...........	r. de la Croix-Nivert.
20	Levert (r.)........	r. de la Mare.......	r. de Paris.
17	Lévis (r.).........	b. de Monceau......	route d'Asnières.
18	Lévisse (r. de)......	r. des Poissonniers...	r. Marcadet.
12	Libert (r.)........	r. du Commerce.....	b. de Bercy.
19	Lilas (r. des)......	r. des Prés.........	Belleville (anc.)
7	Lille (r. de).......	r. des Saints-Pères....	r. de Bourgogne.
14	Lille (r. de).......	b. de Montrouge.....	r. de la Pépinière.
1	Lingerie (r. de la)..	r. St-Honoré........	r. aux Fers.
5	Linné (r.).........	r. Lacépède.........	r. des Boulangers.
15	Linois (r.).........	pont de Grenelle.....	r. des Entrepreneurs.
4	Lions S. Paul (r.)...	r. du Petit-Musc.....	r. St-Paul.
8	Lisbonne (r. de)....	r. de Malesherbes....	r. de Messine.
4	Lobau (r. de)......	q. de la Grève......	r. de Rivoli.
6	Lobineau (r.)......	r. de Seine..........	r. Mabillon.
19	Loire (q. de la)....	r. d'Allemagne.......	r. de Marseille.
1-4	Lombards (r. des)..	r. St-Martin.........	r. St-Denis.
9	Londres (cité de)..	r. St-Lazare.........	r. de Londres.
8-10	Londres (r. de).....	r. de Clichy........	pl. d'Europe.
16	Longchamp (r.-pt)...	r. de Longchamp.....	r. des Sablons.
16	Longchamp (r. de)..	r. des Batailles......	ch. de r. de Longch.
16	Longchamp (r. de)..	b. de Longchamp....	r. du Petit-Parc.
8	Lord-Byron (r.)....	r. de Chateaubriand...	r. du Bel-Respiro.
5	Louis-le-Grand(pl.de)	r. St-Jacques.......	r. des Poirées.
2	Louis-le-Gr. (r.)...	r. Ne-des-Pet.-Champs..	b. des Capucines.
11	Louis-Philippe (r.)..	r. de la Roquette.....	r. de Charonne.
5-13	Lourcine (r. de)....	r. Mouffetard........	r. de la Santé.
15	Lourmel (r. de)....	b. de Grenelle.......	boul. Victor.
19	Louvain (r. de)....	pl. de l'Eglise.......	r. de la Villette.
17	Louvain (r. de)....	r. de Courcelles.....	r. de la Chaumière.
2	Louvois (sq. de)....	r. de Richelieu......	r. Rameau.
2	Louvois (r. de)....	r. Lulli............	r. Ste-Anne.
1	Louvre (q. du)....	r. du Louvre.......	q. des Tuileries.
1	Louvre (pl. du)....	q. du Louvre.......	r. de Rivoli.
1	Louvre (r. du)....	q. du Louvre.......	r. St-Honoré.
7-15	Lowendall (av. de)..	av. de Tourville.....	ch. de r. de Vaugirard
16	Lubeck (r. de).....	r. de la Croix-Boissière.	ch. de r. Ste-Marie.
2	Lulli (r.).........	r. Rameau..........	r. de Louvois.
2	Lune (r. de la).....	b. Bonne-Nouvelle...	r. Poissonnière.
1	Luxembourg (r. d.)..	r. de Rivoli........	b. de la Madeleine.
12	Lyon (r. de).......	b. Mazas...........	pl. de la Bastille.
5	Lyonnais (r. des)...	r. de Lourcine......	r. des Charbonniers.
6	Mabillon (r.)......	r. du Four.........	r. St-Sulpice.
19	Macdonald (b.).....	canal de l'Ourcq....	r. d'Aubervilliers.
12	Mâcon (r. de).....	port de Bercy.......	r. de Bercy.
5	Maçons-Sorb. (r. des)	r. des Ecoles.......	pl. Sorbonne.
6	Madame (r.).......	r. de Mézières......	r. de l'Ouest.
20	Madame (r. de)....	r. de Paris.........	r. St-Germain.
1-8-9	Madeleine (b. de la)..	r. de Luxembourg....	pl. de la Madeleine.
8	Madeleine (g. de la)..	pl. de la Madeleine...	r. de la Madeleine.
8	Madeleine (p. de la)..	pl. de la Madeleine...	r. de l'Arcade.
8	Madeleine (pl. de la)..	r. Royale..........	r. Tronchet.
15	Mademoiselle (r.) ..	r. des Entrepreneurs..	r. de Sèvres.
16	Magdebourg (r. de)..	q. de Billy.........	r. des Batailles.
10	Magenta (b. de)....	pl. du Château-d'Eau.	b. des Poissonniers.
16	Magenta-Aut. (r.)...	r. Molière..........	r. de la Fontaine.
14	Magenta-Montr. (r.).	r. Dareau..........	av. du Commandeur.
20	Magenta-Ménilm. (r.)	ch. Ménilmontant....	les Buttes.
15	Magenta-Vaugir. (r.)	pl. de l'Unité.......	les champs.
2	Mail (r. du).......	pl. des Petits-Pères..	r. Montmartre.
11	Main-d'or (c. de la)..	r. du Faub.-St-Antoine.	r. de Charonne.
15	Maine (av. du).....	b. du Montparnasse...	ch. de r. du Montp.

ARR.	VOIES PUBLIQUES.	TENANTS.	ABOUTISSANTS.
15	Maine (pl. du)......	av. du Maine.	chaussée du Maine.
15	Mairie (pl. de la)....	r. du Commerce.....	Grenelle (anc.)
18	Mairie (pl. de la)....	r. de l'Abbaye........	Montmartre (anc.)
16	Mairie (pl. de la)....	Gr.-r. de Passy........	
15	Mairie (r. de la)....	r. Blomet............	Gr. r. de Vaugirard.
15	Maison-Dieu (r.)....	ch. du Maine........	r. de Vanves.
18	Maistre (r. de)......	av. St-Ouen........	r. Lepic.
5	Maître-Albert (r.)....	q. de la Tournelle....	pl. Maubert.
16	Malakoff (av.)......	b. de Longchamp.....	av. de la P.-Maillot.
6	Malaquais (q.)......	r. de Seine........	r. des Sts-Pères.
7	Malar (r.)..........	q. d'Orsay.........	r. St-Dominique.
8	Malesherbes (b.)....	pl. de la Madeleine....	r. Militaire.
8	Malesherbes (r. de)..	b. de Malesherbes....	r. de Valois-du-R.
4	Malher (r.).........	r. de Rivoli........	r. Pavée-au-Marais.
13	Malmaisons (r. d.)...	r. de Choisy........	r. Gaudon.
11	Malte (r. de).......	r. de Ménilmontant...	r. du Faub.-du-Temp.
2	Mandar (r.)........	r. Montorgueil.......	r. Montmartre.
18	Manoir (r. du)......	r. Marcadet........	r. des Portes-Blanc.
9	Mansart (r.)........	r. Fontaine........	r. Blanche.
10	Mar.-du-T. (r. des)..	r. de la Douane.....	r. du Faub.-St-Martin.
8	Marbeuf (av.).......	r. Marbeuf.........	av. des Ch.-Elysées.
8	Marbeuf (r.)........	r. Bizet...........	av. des Ch.-Elysées.
18	Marcadet (r.).......	Gr.-r. de la Chapelle...	r. de la F.-au-But.
8	Marché d'Aguesseau.	r. d'Aguesseau.....	r. des Saussaies.
12	Marché Beauveau....	r. d'Aligre........	r. Lenoir.
4	Marché Bl. Mant...	r. des Hospitalières...	r. Vieille-du-Temple.
18	Marché la Chapelle..	r. Riquet........	r. du Bon-Puits.
5	Marché aux Chevaux.	r. Poliveau........	r. du Cendrier.
5	Marché des Enf. Roug.	r. de Bretagne.	
15	Marché de Grenelle..	r. Croix-Nivert......	r. du Commerce.
16	Marché de Passy....	r. de la Fontaine.....	pl. de la Mairie.
5	Marché des Patriarch.	r. des Patriarches.....	r. Mouffetard.
11	Marché de Popincourt	r. Ternaux.	
4	Marché Ste-Catherine.	r. d'Ormesson	r. Caron.
6	Marché St-Honoré...	r. Saint-Honoré.....	r. Ne-des-P-Champs.
4	Marché St-Jean.....	r. de la Verrerie.	
20	Mare (r. de la).....	chauss. de Ménilmont..	r. de Paris.
1	Marengo (r. de)....	r. de Rivoli.......	r. St-Honoré.
15	Marguerites (r. d.)..	r. Virginie.........	r. des Marais.
12	Marguettes (r. d) ..	r. Montempoivre.....	pl. de la Mairie.
18	Marie-Antoinette (r.)	pl. St-Pierre.......	r. de l'Abbaye.
2	Marie-Stuart (r.)....	r. des Deux-Portes....	r. Montorgueil.
8	Marignan (r. de)....	r. François 1er.......	av. des Ch.-Elysées.
8	Marigny (av. de)....	av. Gabriel........	r. du Faub.-St-Hon.
17	Mariotte (r.)........	r. des Dames.......	Batignolles (anc.)...
2	Marivaux (r. de)....	r. Grétry.........	b. des Italiens.
15	Marmontel (r.)......	r. des Tournelles......	impasse Fondary.....
13	Marmousets (r. d.)..	r. des Gobelins......	r. St-Hippolyte.
19	Marne (q. de la)...	r. de Marseille......	q. Circulaire.
19	Maroc (r. de)......	r. de Flandre.......	r. d'Aubervilliers.
10	Marcfoy (r.).......	r. du Grand-St-Michel..	r. des Ecluses-St-M.
16	Marronniers (r. d.)..	r. Basse..........	r. de Boulainvilliers.
10	Marseille (r. de)....	r. de l'Entrepôt.....	r. des Vinaigriers.
19	Marseille (r. de). ..	r. d'Allemagne......	q. de la Marne.
2	Marsollier (r.)......	r. Méhul..........	r. Monsigny.
10	Martel (r.).........	r. des Petites-Ecuries...	r. de Paradis.
7	Martignac (r. de)...	pl. de Bellechasse.....	r. de Gren.-St-Germ.
19	Martin (r.).........	b. des Vertus......	r. du Département.
9	Martyrs (r. des)....	r. Lamartine.......	ch. de r. des Martyrs.
15	Massena (boul.)....	porte de la Gare......	porte d'Italie.
7	Masseran (r.)......	r. Eblé...........	r. de Sèvres.
4	Massillon (r.)......	r. Chanoinesse......	r. du Cl.-N.-D.
19	Mathis (r.)........	r. de Flandre.......	r. Valenciennes.
5	Mathurins (r. des)..	r. St-Jacques.......	b. de Sébastopol.
8	Matignon (av.).....	r. p. des Ch.-Elysées...	r. Rabelais.
8	Matignon (r.)......	r. Rabelais........	r. du Faub.-St-Honoré.

DICTIONNAIRE DES RUES.

ARR.	VOIES PUBLIQUES.	TENANTS.	ABOUTISSANTS.
5	Maubert (pl.).......	r. des Grands-Degrés...	r. des Noyers.
10	Maubeuge (r. de)....	r. de Dunkerque......	ch. de r. de St-Denis.
15	Maublanc (r.)......	r. Blomet..........	Gr. r. de Vaugirard.
4	Maubuée (r.).......	r. du Poirier.........	r. St-Martin.
1-2	Mauconseil (r.).....	r. St-Denis..........	r. Montorgueil.
3	Maure (r. du)	r. Beaubourg	r. St-Martin.
4	Mauv.-Garçons (r.d.).	r. de Rivoli......	r. de la Verrerie.
6	Mayet (r.).........	r. de Sèvres.........	r. du Cherche-Midi.
9	Mayran (r)..........	r. Montholon........	r. Rochechouart.
10	Mazagran (r.)......	b. de Bonne-Nouvelle..	r. de l'Échiquier.
13	Mazagran (r. de).	r. de Fontainebleau...	r. du Bel-Air.
20	Mazagran (r. de)....	r. de la Duée......	r. de Calais.
6	Mazarine (r.).......	r. de Seine...........	r. Dauphine.
12	Mazas (b.)..........	q. de la Râpée........	pl. du Trône.
12	Mazas (pl.).........	q. de la Râpée........	pt d'Austerlitz.
4	Mazure (r. de la)....	q. des Ormes.........	r. de l'Hôtel-de-Ville.
19	Meaux (r. de)......	b. du Combat........	r. d'Allemagne.
14	Méchain (r.).......	r. de la Santé........	r. du Faub.-St-Jacques.
14	Médéah (r. de).....	r. de la Gaîté........	r. de Constantine.
6	Médicis (r.)........	r. de Vaugirard.......	r. Soufflot.
1	Mégisserie (q. d.la)..	pt au Change.......	pt Neuf.
2	Méhul (r.).........	r. Nt-des-Pet.-Champs.	r. Marsollier.
2	Ménars (r.).........	r. de Richelieu........	r. Grammont.
18	Ménessier (r.)......	r. Véron...........	r. de la Cure.
20	Ménilmont. (ch. de).	r. des Couronnes.....	r. de la Mare.
11	Ménilmont. (r. de)..	b. du Temple........	ch. de r. de Ménilm.
18	Menuisiers (r. des)..	cité Falaise..........	boul. Ney.
1	Mercier (r.)........	r. de Viarme........	r. des Deux-Écus.
11	Mercœur (r.).......	b. du Prince-Eugène..	r. de la Muette.
11	Merlin (r.).........	r. de la Roquette.....	r. des Amandiers.
3	Meslay (r.).........	r. du Temple........	r. St-Martin.
16	Mesnil (r.).........	*R.-P. de la Plaine.....	r. St-Didier.
10	Messageries (r. d.)..	r. d'Hauteville.......	r. du Faub.-Poissonn.
2	Messag.-Imp.(p. d.)..	r. Montmartre.......	r. N.-D. des Victoires.
8	Messine (r. de).....	av. de Plaisance......	r. de Val.-du-Roule.
10	Metz (r. de)........	r. de Strasbourg......	r. de Nancy.
19	Metz (r. de)........	r. de Crimée........	r. d'Allemagne.
12	Meuniers (ch. des)..	r. de la Br.-aux-L....	fortifications.
9	Meyerbeer (r.).....	ch. d'Antin.	r. Halévy.
6	Mézières (r. de).....	r. Bonaparte........	r. Cassette.
16	Michel-Ange (r.) ...	Grande-Rue........	boul. Murat.
3	Michel-le-Comte (r.).	r. du Temple.......	r. Beaubourg.
2	Michodière(r. de la).	r. Ne-St-Augustin......	b. des Italiens.
6	Mignon (r.)........	r. Serpente..........	r. du Jardinet.
19	Mignottes (r. des)..	r. des Solitaires......	r. Basse-St-Denis.
9	Milan (r. de).......	r. de Clichy.........	r. d'Amsterdam.
12	Millaud (av.).......	r. de Bercy.........	r. de Lyon.
3	Minimes (r. des)....	r. des Tournelles.....	r. St-Louis.
15	Miollis (r.)..........	b. de Sèvres.........	r. Cambronne.
2	Miracles (r. des)....	r. de Damiette.......	r. des Forges.
8	Miromenil (r. de)...	r. du Faub.-St-Honoré..	r. de Val.-du-Roule.
9	Mogador (r. de)....	r. N.-D.-des-Mathurins.	r. St-Nicolas.
20	Mogador (r. de)....	b. des Amandiers.....	r. Duris.
1	Moineaux (r. des)....	r. des Orties........	r. St-Roch.
17	Moines (r. des).....	r. Jeanne-d'Asnières...	ch. des Bœufs.
3	Molay (r.)..........	r. Portefoin.........	r. Perrée.
16	Molière (av.).......	av. Despréaux.......	Auteuil (anc.)
5	Molière (pass.).....	r. St-Martin	r. Quincampoix.
6	Molière (r.)........	pl. de l'Odéon.......	r. de Vaugirard.
16	Molière (r.)........	r. de Versailles.......	r. Boileau.
8-17	Monceaux (b de)....	r. du Rocher........	r. de Courcelles.
8	Monceaux (r. de)...	r. du Faub.-St-Honoré.	r. de Courcelles.
9	Moncey (r.)........	r. Blanche..........	r. de Clichy.
17	Moncey (r.)........	av. de Clichy	p. Moncey.
1	Mondétour (r. de)..	r. de Rambuteau.....	r. Mauconseil.
1	Mondovi (r. de)....	r. de Rivoli.........	r. du Mont-Thabor.

ARR.	VOIES PUBLIQUES.	TENANTS.	ABOUTISSANTS.
5	Monge (r.)	boul. St-Germain	r. de l'École-Polytechn.
12	Mongénot (r.)	r. Militaire	av. du Bel-Air.
19	Monjol (r.)	r. Asselin	r. Legrand.
1	Monnaie (r. de la)	r. des P.-St-G.-l'Aux.	r. de Rivoli.
7	Monsieur (r.)	r. de Babylone	rue Oudinot.
6	Monsieur-le-Pr. (r.)	carr. de l'Odéon	b. Saint-Michel.
2	Monsigny (r.)	r. Marsollier	r. N.-St-Augustin.
16	Montagne (r. de la)	q. de Passy	carr. de la Montagne.
5	Mt-Ste-Gen. (r. de la)	r. St-Victor	pl. Ste-Geneviève.
20	Montagnes (r. des)	b. de Belleville	r. des Couronnes.
17	Montagnes (r. des)	av. des Ternes	fortifications.
8	Montaigne (av.)	r. Bizet	r.-p. des Ch.-Elysées.
8	Montaigne (r.)	r.-p. des Ch.-Elysées	r. du Faub.-St-Honoré.
5	Montebello (q.)	r. des G.-D. de l'Ar.	pl. du Petit-Pont.
12	Montempoivre (r. d.)	r. de la Voûte-du-C.	fortifications.
1	Montesquieu (pass.)	cl. St-Honoré	r. de Montesquieu.
1	Montesquieu (r.)	r. Cr.-des-Pet.-Ch.	r. des Bons-Enfants.
6	Montfaucon (r.)	r. de l'École-de-Méd.	r. Clément.
12	Montgallet (r.)	r. de Charenton	gr. r. de Reuilly.
3	Montgolfier (r.)	r. Conté	r. du Vertbois.
9	Montholon (r.)	r. du Faub.-Poissonn.	r. Cadet et Rochech.
19	Montier (r.)	r. d'Allemagne	r. de Marseille.
12	Montmartel (r.)	p. de Bercy	r. Grange-à-Meun.
2-9	Montmartre (b.)	r. Montmartre	r. de Richelieu.
1-2	Montmartre (r.)	pte St-Eustache	b. Montmartre.
9	Montmartre (faub.)	b. Montmartre	r. Fléchier.
3	Montmorency (r.)	r. du Temple	r. Saint-Martin.
2	Montorgueil (r.)	r. Montmartre	r. St-Sauveur.
14-15	Montparnasse (b. de)	r. de Sèvres	r. d'Enfer.
6-14	Montparn. (r. du)	r. Notre-D. des Ch.	ch. de r. d'Enfer.
1	Montpensier (r. de)	r. de Richelieu	r. de Beaujolais.
11	Montreuil (r. de)	r. du Faub.-St-Antoine	ch. de r. de Montreuil
20	Montreuil (r. de)	b. de Charonne	fortifications.
14	Montrouge (b. de)	r. d'Orléans	r. de la Gaîté.
1	Mont-Thabor (r. du)	r. d'Alger	r. de Mondovi.
9	Montyon (r. de)	r. de Trévise	r. du Faub.-Montm.
11	Morand (r.)	r. des Tr.-Couronnes	r. de l'Orillon.
12	Moreau (r.)	r. de Bercy	r. de Charenton.
14	Morère (r.)	r. Friant	route de Chatillon.
11	Moret (r.)	r. de Ménilmontant	r. des Trois-Couronn.
15	Morillons (r. des)	ch. du Moulin	au Vieux-Morillon.
4	Morland (b.)	q. Henri IV	r. de Sully.
9	Morlot (r.)	r. St-Lazare	r. de la Trinité.
4	Mornay (r.)	r. Sully	r. de Crillon.
8	Morny (r.)	r. de l'Empereur	faub. St-Honoré.
8	Moscou (r. de)	r. de Berlin	r. de Hambourg.
20	Mortier (boul.)	r. de Bagnolet	pl. des 3 Couronnes.
5-13	Mouffetard (r.)	r. des Fos.-St-Victor	b. de l'Hôpital.
11	Moufle (pass.)	r. du Chemin-Vert	q. de Jemmapes.
	Moulins (r. des)	r. de Paris	r. Fessart.
18	Moulins (r. des)	r. du Vieux-Marché	r. des Brouillards.
18	Moulin Batignolles	Grande-Rue.	
19	Moulin Belleville	r. de Paris	r. Fessart.
14	Moul.-de-Beurre	r. de la Gaîté	r. de l'Ouest.
18	Moulin Montmartre	r. du Vieux-Chemin	r. des Brouillards.
12	Moulin-d.-la-Pointe	r. de Fontainebleau	r. de la Butte-aux-C.
13	Moulin-d.-Prés (r. du)	r. de la Butte-aux-C.	r. Vandrezanne.
12	Moulin St-Antoine	r. de Reuilly	r. Picpus.
15	Moulin Vaugirard	r. Dombasle	les champs.
14	Moulin Vert	ch. du Maine	r. Terrier-aux-Lapins.
14	Moul.-de-la-Vierge	r. de Constantine	av. Meunier.
13	Moulinet (r. de)	r. de Fontainebleau	r. Moulin-des-Prés.
12	Moulins-Reuilly (r.)	ch. r. de Reuilly	r. de Picpus.
1	Moulins-St-Roch (r.)	r. des Orties	r. N.-des-Petits-Ch.
4	Moussy (r. de)	r. de la Verrerie	r. Ste-Cr.-de-la-Bret.
14	Mouton-Duvernet	r. d'Orléans	ch. du Maine.

ARR.	VOIES PUBLIQUES.	TENANTS.	ABOUTISSANTS.
16	Muette (r. de la)....	r. de Charonne.......	r. de la Roquette.
1	Mulets (r. des)......	r. d'Argenteuil........	r. des Moineaux.
2	Mulhouse (r. de)....	r. de Cléry...........	r. des Jeûneurs.
18	Muller (r.)..........	ch. de Clignancourt....	r. Feutrier.
16	Municipalité (r. de la)	r. de la Réunion......	r. des Clos.
16	Murat (boul.).......	porte d'Auteuil........	la Seine.
5	Mûrier (r. du)......	r. St-Victor...........	r. Traversine.
11	Murs de la Roquette.	r. de la Roquette.....	r. Mercœur.
16	Musset (r.)..........	r. de la Réunion......	r. Boileau.
18	Myrha (r.)..........	r. des Poissonniers...	r. Poulet.
10	Nancy (r. de)	r. du Faub.-St-Martin..	r. de Metz.
19	Nancy (r. de)	r. de Marseille........	r. d'Allemagne.
19	Nantes (r. de)	q. de l'Oise...........	r. de Flandre.
4	Napoléon (q.).......	r. du Cloître-N.-D....	r. de la Cité.
1	Napoléon (sq.)......	Louvre...............	pl. du Carrousel.
18	Nation (r. de la).....	r. des Poissonniers...	ch. de Clignancourt.
13	Nationale (r.).......	b. d'Ivry.............	r. du Chât-des-Rent.
9	Navarin (r. de)	r. des Martyrs........	r. Bréda.
4	Necker (r.)..........	r. d'Ormesson........	r. Jarente.
19	Nemours (r. de)	q. de l'Oise...........	r. Royale.
11	Nemours (r. de). ...	r. Oberkampf.........	r. d'Angoulême.
17	Neuilly (b. de)	r. de Levis...........	r. de la Révolte.
16	Neuve (r.)..........	r. de la Fontaine.....	b. de Montmorency.
20	Neuve (r.)..........	r. de Bagnolet........	r. de Charonne.
13	Neuve (r.)..........	r. de Choisy.........	r. de Fontainebleau.
16	Neuve (r.)..........	av. de la Porte-Maillot.	av. de l'Impératrice.
1	— d. Bons-Enf. (r.).	r. des Bons-Enfants..	r. Nve-d.-P.-Champs.
5	— Bossuet (rue)....	r. Neuve-des-Martyrs..	r. de la T-d'Auvergne.
11	— des Boulets (r.)..	r. des Boulets........	r. de Nice.
5	— Bourg-l'Abbé (r.).	r. Saint-Martin.......	boul. Sébastopol.
1-2	— d. Capucines (r.).	pl. Vendôme..........	r. de Luxembourg.
18	— Charbonnière (r.)	b. Magenta...........	ch. de fer du Nord.
9	— Coquenard (rue).	r. Lamartine.........	r. la Tour-d'Auvergne.
13	— Désiré (rue)......	Carrière Quesnel......	butte de la Bièvre.
9	— Fénelon (rue)....	r. des Martyrs........	cité Fénelon.
9	— Fontaine (r.).....	r. Duperré...........	boul. Clichy.
13	— Gentilly (r.)......	r. de Fontainebleau..	r. de Choisy.
18	— Goutte-d'Or (r.)..	boul. de la Chapelle..	r. de la Goutte-d'Or.
6	— Guillemin (r.)...	r. du Four-St-Germain.	r. du Vieux-Colomb.
11	— Lappe (r.)........	r. de Charonne.......	r. de la Roquette.
14	— du Maine (r.)....	r. de la Gaieté.......	ch. du Maine.
9	— des Martyrs (r.)..	r. des Martyrs........	r. de la T-d'Auvergne.
9	— d. Mathurins (r.).	r. Chaussée-d'Antin...	r. de la Madeleine.
2	— Montmorency (r.).	r. Feydeau...........	r. Saint-Marc.
4	— Notre-Dame (r.)..	parvis Notre-Dame....	r. de la Cité.
16	— Passy (r.)........	r. de la Fontaine.....	r. Donizetti.
16	— Pelouse (r.)......	r. de Bellevue........	av. Porte-Maillot.
1-2	— Pet.-Champs (r.).	r. Nve-des-Bons-Enf..	r. de la Paix.
11	— Popincourt (r.)..	r. Oberkampf.........	pass. Popincourt.
19	— Pradier (r.)......	r. Pradier.	
12	— Reuilly (r.)......	r. de Reuilly.........	r. Mazas.
2	— St-Augustin (r.)..	r. Richelieu..........	b. des Capucines.
5	— Ste-Catherine (r.)	r. du Val-St-Catherine.	r. Pavée.
5	— S-Étien-d.-M (r.)	r. Descartes..........	r. Mont-e-Ste-Genev.
5	— Saint-Médard (r.).	r. Gracieuse..........	r. Mouff tard.
4	— Saint-Merry (r.)..	r. du Temple.........	r. Saint-Martin.
2	— St-Sauveur (r.)...	r. de Damiette........	r. Petit-Carreau.
15	— du Théâtre (r.)..	r. Roussin	pourtour du Théâtre.
14	— Tombe-Issoire(r.).	r. Tombe-Issoire......	av. du Commandeur.
7	— Université (r.)...	r. Université.........	r. Saint-Guillaume.
15	— de Vanves (r.)...	r. du Transit.........	les Champs.
7	— de la Vierge (r.).	r. Grenelle-St-Germain	av. Lamothe-Piquet.
6	Nevers (r. de)......	q. de Conti...........	r. d'Anjou.
16	Newton (r. de).....	b. de l'Alma.........	ch. de r. de l'Etoile.
10	Neveux (pas.).......	boul. de Strasbourg...	faub. St-Denis.

ARR.	VOIES PUBL'QUES.	TENANTS.	ABOUTISSANTS.
18	Ney (boul.)	av. St-Ouen	r. d'Aubervilliers.
11	Nice (r. de)	r. Neuve des Boulets	r. de Charonne.
15	Nice (r. de)	r. Brancion	r. de Palestro.
12	Nicolaï (r.)	q. de Bercy	ruelle du Meunier.
4	Nicolas Flamel (r.)	r. de Rivoli	r. des Lombards.
17	Nicolet (r.)	q. d'Orsay	r. de l'Université.
8	Nicolet (r.)	ch. de Clignancourt	r. Bachelet.
16	Nicolo (r.)	Grande-Rue	r. de la Pompe.
7	Nicot (r.)	q. d'Orsay	r. St-Dominique.
14	Niepce (r.)	r. Brezin	r. du Ch.-d'Asile.
17	Nollet (r.)	r. des Dames	r. Cardinet.
4	Nonains-d'Hyères (r.)	q. des Ormes	r. de Jouy.
3	Normandie (r. de)	r. de Périgueux	r. Charlot.
2	N.-D.-de-B°-N° (r.)	r. Beauregard	b. Bonne-Nouv.
8	N.-D.-de-Grâce (r.)	r. de la Madeleine	r. d'Anjou.
9	N.-D.-de-Lor. (r.)	r. St-Lazare	r. Pigalle.
18	N.-D. de Montmartre.	r. Saint-Denis	r. des Saussaies.
3	N.-D.-de-Nazar. (r.)	r. du Temple	r. St-Martin.
2	N.-D.-de-Rec. (r.)	r. Beauregard	b. Bonne-Nouvelle.
6	N.-D.-des-Ch. (r.)	r. de Vaugirard	carr. de l'Observatoire.
2	N.-D.-des-Vict. (r.)	pl. des Petits-Pères	r. Montmartre.
5	Noyers (r. des)	pl. Maubert	r. St-Jacques.
11	Nys (r.)	boul. de Belleville	r. de l'Orillon.
11	**O**berkampf (r.)	b. du Temple	ch. de r. de Ménilm.
1	Oblin (r.)	r. de Viarme	r. Coquillière.
6	Observat. (av. de l')	b. du Montparnasse	Observatoire.
6	Observat. (carr.de l')	r. de l'Est	b. du Montparnasse.
6	Odéon (carr. de l')	r. de l'Ecole-de-Méd	r. Monsieur-le-Prince.
6	Odéon (pl. de l')	r. de l'Odéon	r. Racine.
6	Odéon (r. de l')	r. Monsieur-le-Prince	pl. de l'Odéon.
8	Odiot (cité)	r. Neuve-de-Berri	r. de l'Oratoire.
19	Oise (q. de l')	pl. de l'Hôtel-de-Ville	canal.
3	Oiseaux (r. des)	marché des Enfants-R.	r. de Beauce.
9	Olivier-Buffault	r. Laffitte	r. Duffault.
9	Olivier-Taitbout	r. Laffitte	r. Taitbout.
15	Olivier de Serres (r.)	r. d'Alleray	r. Vaugelas.
11	Omer-Talon (r.)	r. Merlan	r. Servan.
9	Opéra (pass. de l')	b. des Italiens	r. Drouot.
18	Oran (r. d')	r. Ernestine	r. des Poissonniers.
5	Orangerie (r. de l')	r. d'Orléans	r. Censier.
8	Orat.d.Ch.-El.(r.d.l')	av. des Champs-Elys.	r. du Faub.-St-Honoré.
1	Orat.-du-L. (r. de l')	r. de Rivoli	r. St-Honoré.
1	Orfèvres (q. des)	pt St-Michel	Pont Neuf.
1	Orfèvres (r. des)	r. St-Germ.-l'Auxerr.	r. Jean-Lantier.
12	Orient (pass. d')	r. de Bercy	r. de Lyon.
18	Orient (r. de l')	r. de l'Empereur	Montmartre (anc.)
11	Orillon (r. de l')	b. de Belleville	r. de Tourtille.
20	Orillon (r. de l')	boul. de Belleville	r. Tourtille.
17	Orléans (r. d')	r. des Tournelles	Vaugirard (anc.)
4	Orléans (q. d')	pt de la Tournelle	pt de la Cité.
1	Orl.-St-Hon. (r. d')	r. St-Honoré	r. des Deux-Ecus.
4	Orme (r. de l')	r. Mornay	r. St-Antoine.
15	Orme (r. de l')	r. de la Procession	route du Transit.
11	Ormeaux (r. des)	pl. du Trône	r. de Montreuil.
20	Ormeaux (r. des)	b. de Montreuil	r. de Montreuil.
4	Ormes (q. des)	q. St-Paul	r. Geoffroy-Lasnier.
4	Ormesson (r. d')	r. de Turenne	r. Culture-Ste-Cather.
7-15	Orsay (q. d')	r. du Bac	q. de Grenelle.
1	Orties (r. des)	r. d'Argenteuil	r. Ste-Anne.
5	Oseille (r. de l')	r. St-Louis	r. Vieille-du-Temple.
7	Oudinot (r.)	r. Vanneau	b. des Invalides.
6	Ouest (r. de l')	r. de Vaugirard	carref. de l'Observat.
14	Ouest (r. de l')	ch. du Maine	route du Transit.
2-1-3	Ours (r. aux)	r. St-Martin	r. St-Denis.

ARR.	VOIES PUBLIQUES.	TENANTS.	ABOUTISSANTS.
1-2	Pagevin (r.)	r. Jean-J.-Rousseau	pl. des Victoires.
5	Paillet (r.)	r. Soufflot	r. Saint-Jacques.
2	Paix (r. de la)	r. N-des-Pet.-Champs	b. des Capucines.
17	Paix (r. de la)	av. de Clichy	r. St-Etienne.
18	Pajol (r.)	pl. Hébert	r. du Bon-Puits.
16	Pajou (r.)	r. des Vignes	r. de l'Assomption.
7	Pal. Bourbon (pl.)	r. de Bourgogne	r. de l'Université.
1-4	Palais (boul. du)	p. Saint-Michel	p. au Change.
1	Pal.-Royal (pl. du)	r. St-Honoré	r. de Rivoli.
6	Palatine (r.)	r. Garancière	pl. St-Sulpice.
2	Palestro (r.)	r. de Turbigo	r. du Caire.
9	Pali-Kao (r. de)	b. de Belleville	r. des Montagnes.
13	Palmyre (r.)	r. Hélène	r. Maur.-Meyer.
2	Panoramas (pass. d.)	r. St-Marc	b. Montmartre.
20	Panoyaux (r. des)	b. des Amandiers	r. des Amandiers.
5	Panthéon (pl. du)	r. Soufflot	Panthéon.
9	Papillon (r.)	r. Bleue	r. Riboutté.
2	Papin (r.)	q. d'Austerlitz	r. de la Gare.
3-4	Paradis-au-Mar.(r.)	r. Vieille-du-Temple	r. du Chaume.
10	Par.-Poiss. (r. de)	r. du Faub.-St-Denis	r. du Faub.-Poissonn.
3	Parc-Royal (r. du)	r. St-Louis	r. des Trois-Pavillons.
5	Parchemin. (r. la)	r. St-Jacques	r. de la Harpe.
17	Paris (r. de)	b. de Monceaux	route d'Asnières.
19-20	Paris (r. de)	b. de la Chopinette	r. de Romainville.
20	Paris (r. de)	b. de Fontarabie	pl. de la Mairie.
9	Parme (r. de)	r. de Clichy	r. d'Amsterdam.
11	Parmentier (av.)	r. des Amandiers	r. St-Ambroise.
10	Parmentier (r.)	r. Corbeau	r. Alibert.
20	Partants (r. des)	r. des Amandiers	r. Charonne.
4	Parvis-N.-D. (pl. du)	devant l'église N.-D.	
5-13	Pascal (r.)	r. Mouffetard	r. du Ch.-de-l'Al.
8	Pasquier (r.)	boul. Malhesherbes	boul. Haussmann.
16	Passy (q. de)	r. Beethoven	r. Boulainvilliers.
5	Pastourel (r.)	r. du Grand-Chantier	r. du Temple.
15	Patay (r.)	r. de la Croix-Rouge	Fortifications.
5	Patriarches (r. des)	r. d'Orléans	r. de l'Epée-de-Bois.
16	Pâtures (r. des)	route de Versailles	r. Hérold.
2	Paul-Lelong (r.)	r. N.-D. des Victoires	r. de la Banque.
16	Pauquet-Villejust.(r.)	r. de Chaillot	ch. de l'Etoile.
4	Pavée-au-Mar. (r.)	r. de Rivoli	r. des Francs-Bourg.
20	Pavillons (r. des)	r. de la Duée	r. de Calais.
15	Payen (pas.)	r. de Javel.	
15	Payen (r.)	r. de Javel	imp. de Javel.
5	Payenne (r.)	r. des Francs-Bourg	r. du Parc-Royal.
10	Péchoum (r.)	b. du Combat	r. Asselin.
15	Péclet (r.)	r. Mademoiselle	r. de Sèvres.
4	Pecquay (pass.)	r. des Blancs-Mant	r. de Rambuteau.
1	Pélican (r. du)	r. de Grenelle-St-Hon	r. Croix-des-Pet.-Ch.
16	Pelouse (r. de la)	r. Neuve	r. N.-de-la-Pelouze.
18	Penel (pas.)	r. de la Glacière	r. du Ruisseau.
17	Pentagonale (pl.)	av. de Wagram	boul. Pereire.
8	Penthièvre (r. de)	r. de la Ville-l'Évêq	r. du Faub.-St-Honoré.
8	Pépinière (r.)	r. de l'Arcade	r. du Faub.-St-Honoré.
14	Pépinière (r. de la)	route d'Orléans	ch. du Maine.
4	Percée-St-Ant. (r.)	r. Charlemagne	r. St-Antoine.
14	Perceval (r.)	r. de la Gaîté	r. de l'Ouest.
16	Perchamps (r. des)	r. de la Fontaine	r. Molière.
5	Perche (r. du)	r. Vieille-du-Temple	r. Charlot.
8	Percier (av.)	r. de la Pépinière	av. de Munich.
17	Pereire (b.)	r. de la Santé	av. de la P.-Maillot.
17	Pereire (pl.)	boul. de Neuilly	les champs.
16	Pergolèse (r.)	av. de la Pte-Maillot	av. de l'Impératrice.
7-15	Pérignon (r.)	av. de Saxe	ch. de Sèvres.
3	Perle (r. de la)	r. de Thorigny	r. V.-du-Temple.
5	Pernelle (r.)	r. St-Bon	b. de Sébastopol.
14	Pernetty (r.)	r. de Constantine	r. de l'Ouest.

ARR.	VOIES PUBLIQUES.	TENANTS.	ABOUTISSANTS.
14	Perrel (r.)............	r. Blottière............	r. de Constantine.
16	Perrier (r.)...........	av. de la Porte-Maillot..	av. de St-Denis.
1	Perron (r. du)........	r. de Beaujolais.......	r. N.-des-Pet.-Champs.
7	Perronet (r.).........	r. des Saints-Pères....	r. St-Guillaume.
15	Petel (r.).............	r. de Sèvres...........	r. Blomet.
19	Petit (r.).............	r. de Meaux...........	boul. Serrurier.
2	Petit-Carreau (r. du).	r. Saint-Sauveur.......	r. de Cléry.
17	— Cerf (r. du).......	r. Boulay.............	av. de Clichy.
13	— Ch.-St-Marc (r.d.)	r. du Ch.-de-l'Alouette.	r. de la Glacière.
12	— Lion (r. du).......	r. Saint-Denis.........	r. Montorgueil.
5	— Moine (r. du)......	r. Scipion.............	r. Mouffetard.
4	— Musc (r. du).......	quai des Célestins.....	r. Saint-Antoine.
5	— Pont (pl. du).....	Petit-Pont.............	r. Saint-Jacques.
5	— Pont (r. du).......	r. de la Bûcherie......	r. Saint-Séverin.
10	Petits-Hôtels (r. des).	r. de Chabrol..........	b. Magenta.
2	— Pères (pass. des).	r. de la Banque.......	pl. des Petits-Pères.
2	— Pères (pl. des)...	r. Notre-Dame-d.-Vict.	pas. des Petits-Pères.
2	— Pères (r. des)....	pl. des Petits-Pères...	r. de la Banque.
10	Petites-Écuries (pl.d).	r. Faub. Saint-Denis...	r. Faub. Poissonnière.
10	— (r. des)..	r. Faub. Saint-Denis...	r. Faub. Poissonnière.
13	Petite-Rue du Banq..	r. du Banquier........	boul. de l'Hôpital.
13	— — du Pot-au-Lait	r. de la Glacière......	r. du Pot-au-Lait.
15	— — Sainte-Anne..	r. de la Glacière......	r. de la Santé.
18	— — Saint-Denis...	r. Marcadet...........	
11	— — Saint-Pierre..	r. du Chemin-Vert....	boul. Beaumarchais.
16	Pétrarque (r.)........	r. des Moul. Dassy....	r. Scheffer.
9	Pétrelle (r.)..........	r. du Faub.-Poissonn..	r. Rochechouart.
13	Peupliers (ch. des)..	r. Font-à-Mulard......	fortifications.
3	Phélipeaux (r.).......	r. du Temple..........	r. Volta.
11	Philippe-Aug. (av.)..	pl du Trône...........	pl. Montreuil.
10	Phil.-de-Girard (r.)..	r. Lafayette...........	Gr-Rue de la Chapelle
20	Piat (r.).............	r. Vilin...............	r. de Paris.
13	Picard (r.)............	q. de la Gare.........	r. du Chevaleret.
16	Picot (r.).............	av. Dauphine.........	av. de l'Impératrice.
12	Picpus (b. de)........	r. de Picpus..........	av. de St-Mandé.
12	Picpus (r. de)........	r. du Faub.-St-Antoine.	ch. de Picpus.
13	Pierre-Assis (r.)......	r. Mouffetard..........	r. St-Hippolyte.
1	Pierre Lescot........	r. Berger.............	r. Rambuteau.
11	Pierre-Levée (r.).....	r. des Trois-Bornes...	r. de la Font.-au-Roi.
5-13	Pierre-Lombard	pl. de la Collégiale....	r. Mouffetard.
18	Pierre-Picard........	chaussée Clignancourt.	pl. Saint-Pierre.
6	Pierre-Sarrazin (r.)..	b. St-Michel..........	r. Hautefeuille.
9-18	Pigalle (b.)...........	pl. de la barr. Montm..	pl. de la Barr.-Blanc.
9	Pigalle (r.)...........	r. Blanche............	pl. de la Barr.-Mont.
15	Pinel (r.).............	pl. de la barr. d'Ivry..	b. de l'Hôpital.
1	Pirouette (r.).........	r. du Rambuteau.....	r. de Mondétour.
11	Piver (pas.)..........	r. de l'Orillon.........	faub. du Temple.
19	Place (r. de la).......	r. de Beaune..........	r. Compans.
20	Plaine (r. de la)......	r. des Quatre-Jardins..	Charonne (anc.)
17	Plaine (r. de la)......	r. de l'Arc-de-Triomp..	av. des Ternes.
1	Plat-d'Etain (r. du)..	r. des Lavandières....	r. des Déchargeurs.
19	Plateau (r. du).......	r. des Alouettes......	r. Fossard.
4	Plâtre-au-Mar. (r.)...	r. de l'Homme-Armé..	r. du Temple.
15	Plumet (r.)...........	r. de la Procession...	r. Bargue.
14	Poinsot (r.)..........	b. de Vanves.........	b. du Maine.
4	Poirier (r. du).......	r. Neuve St-Merri.....	r. Maubuée.
18	Poirier (r. du).......	r. Berthe.............	r. du Vieux-Marché.
20	Poiriers (r. des).....	Gr.-r. de la Chapelle..	r. du Nord.
17	Poisson (r.)..........	r. de Jessaint........	r. des Poissonniers.
2-9	Poissonnière (b.).....	r. Poissonnière.......	r. Montmartre.
2	Poissonnière (r.)....	r. de Cléry...........	b. Poissonnière.
9-10	Poissonn. (faub.)....	b. Poissonnière.......	ch. Poissonnière.
9-18	Poissonniers (b. d.).	r. du Faub.-Poissonn..	r. Rochechouart.
18	Poissonniers (r. d.)..	b. des Poissonniers....	r. Marcadet.
5	Poissy (r. de)........	q. de la Tournelle....	r. St-Victor.
6	Poitevins (r. des)...	r. Hautefeuille........	r. Serpente.

ARR.	VOIES PUBLIQUES.	TENANTS.	ABOUTISSANTS.
7	Poitiers (r. de)	q. d'Orsay	r. de l'Université.
3	Poitou (r. de)	r. Vieille-du-Temple	r. Charlot.
5	Poliveau (r.)	b. de l'Hôpital	r. des Fossés-St-Marc.
18	Polonceau (r.)	r. des Couronnes	Belleville (anc.).
18	Pompe (r. de la)	r. du Ruisseau	Montmartre (anc.).
3	Ponceau (pass. du)	b. de Sébastopol	r. St-Denis.
2	Ponceau (r. du)	r. St-Martin	r. St-Denis.
12	Poniatowski (boul.)	q. de Bercy	av. Daumesnil.
5	Pont aux Biches (r.)	r. Censier	r. Fer à Moulin.
3	Pont-aux-Choux (r.)	b. Beaumarchais	r. St-Louis.
15	Pont-de-Gren. (pl. du)	q. de Grenelle	q. de Javel.
6	Pont-de-Lodi (r.)	q. des Gr.-Augustins	r. Dauphine.
4	Pont-L.-Philip. (r. d.)	q. de la Grève	r. St-Antoine.
6	Pont-Neuf (pas. du)	r. Mazarine	r. de Seine.
1	Pont-Neuf (pl. du)	q. de l'Horloge	q. des Orfèvres.
1	Pont-Neuf (r. du)	pont Neuf	les Halles.
8	Ponthieu (r. de)	av. Matignon	r. Neuve-de-Berri.
5	Pontoise (r. de)	q. de la Tournelle	r. St-Victor.
11	Popincourt (cité)	r. Popincourt	r. Neuve-Popincourt.
11	Popincourt (r.)	r. de la Roquette	r. de Ménilmontant.
2	Port-Mahon (r. de)	r. Ne-St-Augustin	r. Louis-le-Grand.
5-14	Port-Royal (r. de)	r. St-Jacques	r. d'Enfer.
17	Port-St-Ouen (r. d.)	av. de Clichy	ch. des Bœufs.
8	Portalis (av.)	r. de la Pépinière	r. de la Bienfaisance.
18	Ptes-Blanches (r. des)	r. des Poissonniers	r. du Ruisseau.
3	Portefoin (r.)	r. des Enf.-Rouges	r. du Temple.
16	Possoz (pl.)	r. Guichard	r. St-Clair.
5	Postes (r. des)	r. de Vieille-Estrapade	r. de l'Arbalète.
13	Pot-au-Lait (r. du)	r. de la Glacière	fortifications.
5	Pot-de-Fer (r. du)	r. Mouffetard	r. des Postes.
18	Poteau (r. du)	r. du Ruisseau	fortifications.
4	Poterie-d.-Arc. (r.)	r. de Rivoli	r. de la Verrerie.
1	Poterie-des-H. (r.)	r. de la Lingerie	r. de la Tonnellerie.
1	Potier (pass.)	r. de Montpensier	r. de Richelieu.
5	Poules (r. des)	r. de la Vieille-Estrap.	r. du Puits-qui-Parle.
18	Poulet (r.)	ch. de Clignancourt	r. des Poissonniers.
4	Poulletier (r.)	q. de Béthune	q. d'Anjou.
14	Poussin (r.)	anc. r. Ne de l'Embarc.	r. La Fontaine.
19	Pradier (r.)	r. Fessart	r. St-Laurent.
19	Pré (r. du)	r. de Paris	boul. Serrurier.
18	Pré-Maudit (r. du)	Gr.-r. de la Chapelle	ch. des Fillettes.
1	Prêcheurs (r. des)	r. St-Denis	r. des Halles-Centr.
20	Pressoir (r. du)	r. de Constantine	r. des Couronnes.
14	Prêtres (ch. des)	r. des Catacombes	fortifications.
5	Prêtres St-Ét. Mont.	r. Descartes	r. Mont.-Ste-Genev.
1	Prêtres St-Germ.-Aux.	r. de la Monnaie	pl. du Louvre.
5	Prêtres St-Séverin	r. Saint-Séverin	r. Parcheminerie.
11	Prince-Eugène (b.)	pl. du Trône	b. du Temple.
17	Prince Jérôme (av. d.)	pl. de l'Étoile	Ptes-Courcelles.
2	Princes (pass. des)	r. Richelieu	b. des Italiens.
6	Princesse (r.)	r. du Four	r. Guisarde.
15-14	Procession (r. de la)	gr. r. de Vaugirard	r. de Vanves.
20	Progrès (r. des)	r. Robineau	Buttes.
17	Promenade (pl. d. la)	r. des Moines	r. Cardinet.
18	Propriétaires (r. d.)	r. Marcadet	r. des Poissonniers.
1	Prouvaires (r. des)	r. St-Honoré	r. Trainée.
9	Provence (r. de)	r. du Faub.-Montmartre	r. de la Ch.-d'Antin.
16	Prudhon (av.)	Grande-Rue	Porte de Passy.
19	Puebla (r.)	boul. de la Villette	r. de Meaux.
18	Puget (r.)	b. Pigalle	r. Florentine.
14	Puits (r. du)	r. Lebouis	la Glacière.
16	Puits Artés. (r. du)	av. d'Eylau	r. Blancs-Manteaux.
4	Puits d.-Bl.-Mant.	r. Ste-Croix-Bretonner.	r. du Gaz.
5	Puits-de-l'Ermite (r.)	r. du Battoir	r. Gracieuse.
5	Puits-qui-parle (r.)	r. Neuve-Ste-Genev.	r. des Postes.
1	Pyramides (r. des)	r. de Rivoli	r. St-Honoré.

ARR.	VOIES PUBLIQUES.	TENANTS	ABOUTISSANTS.
12	Quatre-Bornes (r. d.)	av. Bel-Air............	boul. Soult.
12	Quatre-Chemins (r. d.)	av. Daumesnil.........	boul. de Reuilly.
3	Quatre-Fils (r. des)..	r. Vieille-du-Temple...	r. du Gr. Chantier
20	Quat.-Jardiniers (r. d.)	r. de Lagny..........	r. Montreuil.
6	Quatre-Vents (r. des)	carrefour de l'Odéon...	r. de Seine.
5	Quinault (r.......	pourtour du Théâtre...	r. Mademoiselle.
3-4	Quincampoix (r.)....	r. des Lombards......	r. aux Ours.
8	Rabelais (r.).......	av. et r. Matignon.....	r. de Montaigne.
16	Racine (imp.).......	av. Despréaux........	Auteuil (anc.)
6	Racine (r.).........	b. St-Michel.........	pl. de l'Odéon.
1	Radziwill (pass.)....	r. N.-des-Bons-Enfants.	r. de Valois-Pal.-Roy.
1	Raffet (r.)..........	anc. s. de la Fontaine.	
12	Raguinot (r.).......	r. de Châlons........	av. Daumesnil.
12	Rambouillet (r. de)..	r. de Bercy..........	r. de Charenton.
1-3-4	Rambuteau (r. de)...	r. du Chaume........	r. Montorgueil.
2	Rameau (r.)........	r. de Richelieu.......	r. Ste-Anne.
18	Ramey (r.).........	r. Muller............	r. du Manoir.
11	Rampon (r.)........	boul. du Pr. Eugène...	ch. Ste-Marie.
16	Ranelagh (r. du)....	route de Versailles....	boul. Rich. Lenoir.
12	Raoul (r.)..........	ch. de Reuilly........	r. de la Glacière.
12	Râpée (q. de la)....	ch. de r. de la Râpée..	ch. des Marais.
16	Raphaël (av.).......	route de Versailles....	b. de Contre-carpe.
7	Rapp (av.).........	q. d'Orsay...........	r. de la Glacière.
20	Rateau (r. du)......	r. des Feuillantines...	av. de Labourd.
11	Ratrait (r. du)......	r. des Champs.......	r. de Ménilmontant.
20	Rats (r. des)........	r. de la Folie-Regnault.	ch. de r. de Fontarab.
5	Rats (r. des)........	r. St-André..........	b. de Fontarabie.
5	Réaumur (r. de)....	r. Volta.............	r. de Palestro.
19	Rebeval (r.)........	r. du Faub.-S.-Mart...	r. du Faub.-St-Denis.
10	Récollets (r. des)....	q. de Valmy.........	r. du Faub.-St-Martin.
6	Regard (r. du)......	r. du Cherche-Midi...	r. de Vaugirard.
20	Regnard (r.)........	pl. de l'Odéon.......	r. de Condé.
16	Reims (r. de).......	r. des Sept-Voies....	r. Charretière.
5	Reine-Blanche (r.)..	r. d. Fossés-St-Marcel..	r. Mouffetard.
13	Reine-Hortense (b.)..	pl. de l'Arc-de-Tr.....	r. de Courcelles.
8	Renard (pass.)......	r. St-Denis..........	r. du Renard.
2	Renard-St-Merri (r.)..	r. de la Verrerie.....	r. Neuve-St-Merri.
4	Ren.-St-Sauv. (r.)...	r. St-Denis..........	r. des Deux-Portes.
2	Rendez-Vous (r. du)..	b. de St-Mandé......	av. du Bel-Air.
12	Rennequin (r.)......	r. des Dames........	r. de Louvain.
6	Rennes (r. de)......	r. N.-D.-des-Champs...	b. du Montparnasse.
16	Réservoirs (r. des)...	b. de Longchamps....	r. Pétrarque.
16	Réservoirs (r. des) .	b. de Longchamps....	r. du Moulin.
5	Restaut (r.)........	r. Victor Cousin.....	r. Gerson.
8	Retiro (cité du).....	r. de la Madeleine.....	r. Faub.-St-Honoré.
12	Reuilly (b. de).....	r. et ch. de Reuilly...	r. de Picpus.
12	Reuilly (r. de)......	r. du Faub.-St-Antoine.	ch. de r. de Reuilly.
3	Réunion (pas. d. la).	r. du Maure.........	r. St-Martin.
20	Réunion (pl. de la)..	r. des Écoles........	r. de la Réunion.
20	Réunion (r. de la)...	r. de Montreuil......	pl. de la Réunion.
20	Riblette (r.)........	r. de Vincennes......	r. St-Germain.
9	Ribouté (r.)........	r. Bleue.............	r. Papillon.
13	Ricaut (pass.)......	r. du Chât.-d.-Rentiers.	r. du Gaz.
11	Richard-Lenoir (r.)..	r. de Charonne......	b. du Prince-Eugène.
11	Richard Lenoir (b.)..	recouvrant le canal	Saint-Martin.
1-2	Richelieu (r. de)....	r. St-Honoré.........	b. des Italiens.
1-8	Richepance (r.).....	r. St-Honoré.........	r. Duphot.
9	Richer (r.)..........	r. du Faub.-Poissonn..	r. du Faub.-Montmart.
20	Richer (r.)..........	imp. St-Laurent......	Belleville (anc.)
10	Richerand (av.).....	q. de Jemmapes......	r. Bichat.
18	Richomme (r.)......	r. d'Orléans.........	r. Ste-Thérèse.
8	Rigny (r.)..........	b. Male-herbes.......	r. St-Jean-Baptist.
20	Rigoles (r. des).....	r. de Calais.........	r. de Paris.
19-18	Riquet (r.).........	Grande-Rue..........	r. Ph. Girard.
10	Riverin (cité).......	r. de Bondy.........	r. du Chât.-d'Eau.

DICTIONNAIRE DES RUES.

ARR.	VOIES PUBLIQUES.	TENANTS.	ABOUTISSANTS.
4-1	Rivoli (r. de)	r. St-Antoine	pl. de la Concorde.
20	Rivoli (r.)	r. Vilin	sq. Napoléon.
18	Robert (r.)	r. Doudeauville	r. Marcadet.
20	Robinau (r.)	r. Désirée	les champs.
20	Robinson (r.)	r. des Champs	r. de la Cour-d.-Noues
9-18	Rochechouart (b.)	r. Rochechouart	ch. des Martyrs.
9	Rochechouart (r.)	r. Lamartine	ch. de r. de Rochech.
8	Rocher (r. du)	r. de la Pépinière	ch. de r. de Clichy.
10	Rocroy (r. de)	r. d'Abbeville	ch. de r. de St-Denis.
9	Rodier (r.)	r. de la Tour-d'Auv.	av. Trudaine.
11	Roger (r.)	r. du Champ-d'Asile	r. de la Pépinière.
1	Rohan (r.)	r. de Rivoli	r. St-Honoré.
6	Rohan (cour de)	r. du Jardinet	pass. du Commerce.
18	Roi-d'Alger (r. du)	r. Hermel	r. N^e-Charbonnière.
16	Roi-de-Rome (b.d.)	pl. de l'Arc-de-Triomp.	r. de Villejust.
4	Roi-de-Sicile (r. du)	r. Malher	r. Vieille-du-Temple.
3	Roi-Doré (r. du)	r. St-Louis-au-Marais	r. St-Gervais.
5	Rollin (pass.)	r. de la Sorbonne	r. Maçons-Sorbonne.
19	Romainville (r. de)	r. du Parc	pl. Trois-Communes.
8	Rome (r. de)	r. St-Lazare	r. Cardinet.
20	Ronce (cour)	r. des Amandiers	Charonne (anc.)
8	Roquepine (r. de)	r. d'Astorg	r. de la Ville-l'Évêque
11	Roquette (av. de la)	r. de Charonne	r. de la Roquette.
11	Roquette (r. de la)	pl. de la Bastille	ch. de r. d'Aunay.
15	Rosière (r. de la)	r. des Entrepreneurs	r. de Javel.
20	Rosiers (pass. des)	r. des Cendriers	r. des Panoyaux.
4	Rosiers (r. des)	r. Malher	r. Vieille-du-Temple.
18	Rosiers (r. des)	Gr.-r. de la Chapelle	ch. de la Croix-de-l'É.
18	Rosiers (r. des)	r. de Fontenelle	r. St-Denis.
19	Rossini (r.)	r. de la Gr.-Batelière	r. Laffite.
3	Rot.-du-Temp. (pl.)	r. du Forez	r. du Petit-Thouars.
10	Roubaix (pl.)	r. de Dunkerque	r. Saint-Quentin.
11	Roubo (r.)	r. du Faub.-St-Antoine	r. de Montreuil.
15	Rouelle (r.)	q. de Grenelle	r. de Grenelle.
19	Rouen (r. de)	q. de la Seine	r. de Flandre.
9	Rougemont (r.)	b. Poissonnière	r. Bergère.
1	Roule (r. du)	r. de Rivoli	r. St-Honoré.
17	Roussel (r.)	r. Cardinet	r. Guyot.
7	Rousselet (r.)	r. Oudinot	r. de Sèvres.
15	Roussin (r.)	r. Croix-Nivert	r. Blomet.
19	Rouvet (r.)	r. de Flandre	q. de la Gironde.
4	Royale (pl.)	r. Royale	r. Ch.-des-Minimes.
19	Royale (r.)	q. de l'Oise	r. de Flandre.
8	Royale-St-Honoré (r.)	pl. de la Concorde	pl. de la Madeleine.
5	Royer-Collard (r.)	r. St-Jacques	r. d'Enfer.
15	Rubens (r.)	Gr. r. de Vaugirard	r. du Transit.
18	Ruisseau (r. du)	r. Marcadet	r. du Poteau.
8	Rumford (r. de)	r. Lavoisier	r. de la Pépinière.
14	Sablière (r. de la)	r. Chauvelot	r. Bénard.
6	Sabot (r. du)	r. Bernard-Palissy	r. du Four-St-Germ.
11	Saint-Ambroise (r.)	r. Popincourt	r. Saint-Maur.
3	— Anastase (r.)	r. Turenne	r. Thorigny.
6	— André (boul.)	pl. ou Pont-St-Michel	font. Saint-Michel.
6	— — des Arts (pl.)	r. St-André-des-Arts	r. Hautefeuille.
6	— — — (rue)	boul. Ménilmontant	boul. Charonne.
20	— — Charonne (r.)	boul. Saint-Michel	r. Ancienne-Comédie.
18	— — Montmart. (r.)	ch. Clignancourt	pl. Saint-Pierre.
18	— Ange (pl.)	r. Saint-Charles	r. Charbonnière.
1-2	Sainte Anne (r.)	r. de l'Anglave	r. Neuve-St-Augustin.
2	— (pass.)	r. Sainte-Anne	pass. Choiseul.
12	— Bercy (r.)	av. du Petit-Bercy	r. Léopold.
11-12	Saint-Antoine (faub.)	pl. de la Bastille	pl. du Trône.
4	— — (r.)	r. Fourcy-St-Antoine	pl. Bastille.
3-2	Sainte-Apolline (r.)	r. Saint-Martin	r. Saint-Denis.
2	Saint-Arnaud (r.)	r. N^{ve}-des-Capucines	r. N^{ve}-St-Augustin.

ARR.	VOIES PUBLIQUES.	TENANTS.	ABOUTISSANTS.
3	Sainte-Avoie (pas.)..	r. Rambuteau........	r. du Temple.
2	— Barbe (r.)........	r. Beauregard........	boul. Bonne-Nouvelle.
6	Saint-Benoît (r.)....	r. Jacob.............	r. Taranne.
11	— Bernard (pas.)...	faub. Saint-Antoine...	r. Charonne.
5	— — (quai)........	pont d'Austerlitz......	pont de la Tournelle.
11	— —-St-Antoine (r.)	faub. Saint-Antoine...	r. de Charonne.
4	— Bon (r.).........	r. Rivoli.............	r. de la Verrerie.
5	St-Cath.-d'Enfer (r.).	r. Paillet............	r. Gay-Lussac.
9	— Cécile (r).......	faub. Poissonnière....	r. du Conservatoire.
1	— Chapelle (c. d. l.).	boul. du Palais.	
1	— — (r.)..........	quai des Orfèvres.....	boul. du Palais.
18	St-Charl.-Chapelle (r.)	r. de la Goutte-d'Or...	r. Polonceau.
15	— — Grenelle (av.).	r. de Javel..........	boul. Victor.
15	— — Vaugirard (r.).	r. Blomet...........	Grande-Rue.
16	Sainte-Claire (r.)....	pl. Possoz...........	r. de la Pompe.
3	— Claude-Marais (r.)	boul. Beaumarchais...	r. Turenne.
4	St-Croix-Bretonn. (r.)	r. Vieille-du-Temple...	r. du Temple.
3-2-10	Saint-Denis (boul.)..	porte Saint-Martin.....	porte Saint-Denis.
10	— — (faub.).......	boul. Saint-Denis.....	boul. de la Chapelle.
1-2	— — (r.)..........	pl. Châtelet.........	boul. Saint-Denis.
18	— — Montmar. (r.).	pl. du Tertre.........	r. Marcadet.
11	— — St-Antoine (r.)	faub. Saint-Antoine...	r. Montreuil.
19	— — Villette (r.)...	r. de Flandre........	ch. Saint-Ouen.
16	— Didier (r.).......	av. Malakoff.........	av. d'Eylau.
7	— Dominique (pas.).	r. Saint-Dominique...	r. Grenelle.
7	— — (r.)..........	r. des Saints-Pères...	av. la Bourdonnaye.
3	Sainte-Elisabeth (r.).	r. des Fontaines......	r. Vertbois.
14	— — d'Enfer (r.)...	boul. d'Enfer.	
3	St-Etien.-B.-Nouv.(r.)	r. Beauregard........	boul. Bonne-Nouvelle.
14	Sainte-Eugénie (r.)..	r. du Moulin-Vert....	r. du Géorama.
18	— Euphrasie (r.)...	Petite-Rue-Saint-Denis	r. Hermel.
20	Saint-Fargeau (r.)...	r. Charonne.........	boul. Mortier.
17	— Ferdinand (r.)...	av. des Ternes.......	av. Grande-Armée.
2	— Fiacre (r.).......	r. des Jeûneurs......	boul. Poissonnière.
1-8	— Florentin (r.)....	r. Rivoli............	r. Saint-Honoré.
2	Sainte-Foy (r.)......	r. des Filles-Dieu ...	r. Saint-Denis.
19	— Geneviève (r.)...	r. des Prés.........	r. de Beaune.
9	Saint-Georges (r.)...	r. de Provence......	r. N.-Dame-de-Lorette.
17	— — Batignolles (r.)	av. de Clichy........	r. Davy.
5	— Germain (boul.)..	quai de la Tournelle..	r. Hautefeuille.
20	— — Charonne (r.).	pl. de la Mairie......	boul. Davout.
1	— — l'Auxerr. (r.).	pl. du Châtelet......	pl. des Trois-Maries.
6	— — des Prés (pl.).	r. Bonaparte.	
5	— Gervais (r.)......	r. Coutures-St-Germ..	r. Neuve-St-François.
3	— Gilles (r.)........	boul. Beaumarchais...	r. Turenne.
7	— Guillaume (r.)...	r. Perronet..........	r. Grenelle.
5	— Hilaire (r.)......	r. des Sept-Voies....	r. Jean-de-Beauvais.
13	— Hippolyte (r.)...	r. des Trois-Couronnes	r. de Lourcine.
16	— — Passy (r.)....	r. de la Tour........	pl. Passoz.
8	— Honoré (faub.)...	r. Royale...........	boul. Courcelles.
1-8	— — (r.)..........	r. des Déchargeurs...	r. de la Gamarde.
1	— Hyac.-St-Hon. (r.).	r. de la Sourdière...	r. Marché-St-Honoré.
13-14	— Jacques (boul.)..	r. de la Santé.......	pl. d'Enfer.
13	— — (faub.).......	r. des Capucins.....	boul. Saint-Jacques.
5	— — (r.)..........	r. St-Séverin.......	r. des Capucins.
4	— la Bouch. (sq.)...	r. de Rivoli.........	av. Victoria.
8	— Jean-Baptiste (r.).	r. de la Pépinière...	r. Saint-Michel.
17	— — Batignoll. (r.).	av. de Clichy.......	r. Moncey.
	— Joseph (cour)....	faub. Saint-Antoine.	
2	— — (r.)..........	r. du Sentier.......	r. Montmartre.
5	— Julien-le-P. (r.)..	r. de la Bûcherie....	r. Galande.
11	— Jules (r.)........	faub. Saint-Antoine...	r. de Montreuil.
15	— Lambert (r.)....	r. Lecourbe.........	r. Notre-Dame.
10	— Laurent (r.).....	faub. Saint-Martin...	boul. Magenta.
9-8	— Lazare (r.)......	r. Bourdaloue.......	r. de l'Arcade.
14	Sainte-Léonie (r.)...	r. du Terrier-Lapins..	r. de Vanves.

ARR.	VOIES PUBLIQUES.	TENANTS.	ABOUTISSANTS.
12	St-Louis-Bercy (r.)	av. du Petit-Château	r. Léopold.
4	— — en l'Ile (r.)	quai Bourbon	r. d'Orléans.
15	— — Grenelle (r.)	boul. Grenelle	q. de Javel.
14	— — Plaisance (r.)	r. de Constantine	r. de l'Ouest-Plaisance.
10	— — du Templ. (p.)	r. Saint-Maur	r. de la Chopinette.
15	— Ste-Lucie-Gr.(r.)	r. de l'Église	r. de Javel.
12	— St-Mandé (av.)	r. Picpus	boul. de Picpus.
2	— Marc (r.)	r. Montmartre	r. Favart.
13-14	— Marcel (boul.)	boul. de l'Hôpital	r. d'Enfer.
13	— — (r.)	pl. de la Collégiale	r. Mouffetard.
11	— St-Marg.-St-A.(r.)	faub. Saint-Antoine	r. de Charonne.
15	— — Grenelle (r.)	r. de Lourmel	av. Saint-Charles.
18	— Marie-Blanche (r.)	imp. Cauchois	r. Lepic.
15	— — Grenelle (r.)	r. Saint-Charles	boul. N.
18	— Montm. (pl.)	pl. du Tertre	pass. du Calvaire.
18	— — — (r.)	r. Chantrier	rue Muller.
14	— — Plaisance (av.)	r. de Vanves	
11	— — St-Thierré (p.)	r. de Charonne	boul. Sainte-Marie.
7	— — St-Germ. (p.)	r. du Bac	r. de la Visitation.
10	— — du Templ. (r.)	r. Saint-Maur	r. de la Chopinette.
17	— — Ternes (r.)	av. de la Grande-Armée	boul. Péreire.
6	— Marthe (r.)	pas. Saint-Benoît	r. Childebert.
5-10	Saint-Martin (boul.)	porte Saint-Martin	pl. du Château-d'Eau.
10	— — (faub.)	r. de Bondy	r. de Flandre.
4-5	— — (r.)	quai le Pelletier	boul. Saint-Martin.
20	— — Belleville (r.)	r. de la Mare	r. des Cascades.
6	— Marie-St-Ger. (r.)	r. de Sèvres	r. de Vaugirard.
11-10	— — Popinc. (r.)	r. de la Roquette	r. Grange-aux-Biches.
14	— Méd.-Plais. (r.)	r. Constantine	r. de Vanves.
5-6	— Michel (boul.)	pl. Saint-Michel	Carr. Observatoire.
5-6	— — (pl.)	quai Saint-Michel	quai des Augustins.
5	— — (quai)	pl. du Petit-Pont	pl. Saint-Michel.
9-8	— Nicol.-d'Antin (r.)	r. Chaussée-d'Antin	r. de l'Arcade.
12	— — St-Antoine (r.)	r. de Charenton	faub. Saint-Antoine.
1	Ste-Opportune (pl.)	r. Sainte-Opportune	r. Courbaton.
1	— — (r.)	pl. Sainte-Opportune	r. de la Ferronnerie.
17-18	Saint-Ouen (av.)	av. de Clichy	porte Saint-Ouen.
4	— Paul (quai)	r. Saint-Paul	r. de l'École.
4-15	— — (r.)	quai Saint-Paul	r. Saint-Antoine.
15	— — Grenelle (r.)	quai de Javel	av. Saint-Charles.
14	— — Montrouge (r.)	r. Vieille-d'Orléans	r. de la Voie-Verte.
6-7	Saints-Pères (r.)	quai Malaquais	r. de Grenelle.
8	St-Pétersbourg (r.)	pl. de l'Europe	boul. de Clichy.
16	— Philibert (av.)	r. Singer	r. des Vignes.
2	— Phil.-B.-Nouv.(r.)	r. d'Aboukir	r. de Cléry.
8	— — (cour)	r. d'Angoulême	faub. Saint-Honoré.
8	— — du Roule (p.)	faub. Saint-Honoré	r. de Courcelles.
2	— Pierre-Mont. (r.)	r. Montmartre	r. N.-D.-des-Victoires.
11	— Popincourt (r.)	r. Saint-Sébastien	r. Oberkampf.
11	— — (pass.)	r. St-Pierre-Popincourt	boul. Prince-Eugène.
4	— — St-Paul (pas.)	r. Saint-Paul	r. Saint-Antoine.
11	— — du Temp. (p.)	r. de l'Orillon	faub. du Temple.
6	— Placide (r.)	r. de Sèvres	r. de Vaugirard.
10	— Quentin (r.)	boul. Magenta	r. Dunkerque.
1	— Roch (r.)	r. Saint-Honoré	r. Nve-des-P.-Champs.
6	— Romain (r.)	r. de Sèvres	r. du Cherche-Midi.
11	— Sabin (r.)	r. de la Roquette	r. du Chemin-Vert.
2	— Sauveur (r.)	r. Saint-Denis	r. Montmartre.
11	— Sébastien (pas.)	r. Saint-Pierre	boul. Richard-Lenoir.
11	— — (r.)	boul. Beaumarchais	r. Popincourt.
5	— Séverin (r.)	r. Saint-Jacques	boul. Saint-Michel.
20	Sts-Simoniens (p. d.)	r. de Calais	rue de la Duée.
2	Saint-Spire (r.)	r. des Filles-Dieu	r. Sainte-Foy.
6	— Sulpice (pl.)	r. du Vieux-Colombier	r. Saint-Sulpice.
6	— — (r.)	r. de Condé	pl. Saint-Sulpice.
17	Ste-Thérèse-Bat. (r.)	av. de Clichy	r. Lemercier.

DICTIONNAIRE DES RUES.

ARR.	VOIES PUBLIQUES.	TENANTS.	ABOUTISSANTS.
7	St-Thomas-d'Aq. (pl.)	pl. St-Thomas-d'Aquin	r. Saint-Dominique.
18	— Victor (pass.)....	boul. Magenta.	
5	— — (pl.).........	r. de Jussieu......	r. Saint-Victor.
5	— — (r.).........	r. des Boulangers.....	r. Bernardins.
18	— Vinc.-Mont. (r.)..	r. de la Borne........	r. des Brouillards.
2	— — de Paul (r.)...	r. Belzunce......	r. Ambroise-Paré.
14	— Yves (r.)........	r. des Artistes........	r. de la Tombe-Issoire.
3	Saintonge (r. de)....	r. du Perche........	r. de la Santé.
17	Salneuve (r.).......	r. d'Orléans........	boul. de Sébastopol.
5	Salomon de Caus (r.)	r. St-Martin........	la Villette (anc.)
19	Sambre (q. de la)...	gare circulaire.......	boul. Sérurier.
15	Samson (r.)........	r. Jonas...........	r. Scribe.
9	Sandrié (imp.)......	pass. Sandrié.......	b. du Temple.
14	Santé (av. de la)....	r. du Ch. des Capucins.	r. b. St-Jacques.
14	Sarrasin (r.)	ch. des Prêtres......	r. de la Tombe-Iss.
1	Sartine (r.)........	r. de Viarme........	r. Coquillière.
2	Saucède (pass.)....	b. de Sébastopol.....	r. St-Denis.
17	Saucier-Leroy (r.)...	r. des Dames.......	r. des Ternes.
9	Saulnier (pass.).....	r. Richer..........	r. Bleue.
2	Saumon pass. du)...	r. Montorgueil......	r. Montmartre.
8	Saussaies (r. des)...	pl. Beauveau.......	r. de la Ville-l'Évêque.
18	Saussaye (r. de la)...	r. Trainée.........	ch. de r. St-Vincent.
17	Saussure(r.).......	r. des Dames.......	fortifications.
19	Sauvage (pass.).....	r. d'Allemagne......	r. de Meaux.
1	Sauval (r.).........	r. St-Honoré.......	r. de Viarmes.
6	Savoie (r. de)......	r. Pavée..........	r. des Gr.-Augustins.
7-15	Saxe (av. de)......	pl. de Fontenoi.....	r. de Sèvres.
9	Say (r.)..........	b. Rochechouart.	
16	Scheffer (r.).......	r. Vineuse.........	r. de la Pompe.
4	Schomberg (r. de)...	b. Morland........	r. de Sully.
14	Schomer (r.).......	r. de l'Ouest.......	r. de Vanves.
5	Scipion (r.).......	r. des Francs-Bourg...	pl. Scipion.
9	Scribe (r.)........	b. des Capucines.....	r. Mogador.
19	Sébastopol (r.)....	r. d'Allemagne......	r. de Meaux.
1-2-4-5	Sébastopol (b.) ...	pl. du Châtelet......	b. St-Denis.
11	Sedaine (r.).......	r. de St-Sabin......	r. Popincourt.
19	Sedan (r.).........	r. d'Allemagne......	q. de la Sambre.
6	Séguier (r.).......	q. des Gr.-Augus'ins.	r. St-André-des-Arts.
7	Ségur (av. de)......	pl. Vauban.......	av. de Saxe.
19	Seine (q. de la)....	r. de Flandre......	r. de Bordeaux.
6	Seine (r. de)......	q. Malaquais.......	r. St-Sulpice.
16	Sente-du-Calvaire(r.)	r. du Sentier-Glacière.	les champs.
2	Sentier (r. du).....	r. de Cléry........	b. Poissonnière.
12	Sentier-St-Ant. (r. du)	boul. Picpus.......	av. Daumesnil.
5	Sept-Voies (r. des)..	r. de l'École Polytech.	pl. du Panthéon.
6	Serpente (r.).......	b. St-Michel.......	r. de l'Éperon.
19	Sérurier (boul.)....	canal de l'Ourq......	porte de Romainville.
11	Servan (r.)........	r. de la Roquette.....	r. des Amandiers.
6	Servandoni (r.).....	r. Palatine.........	r. de Vaugirard.
7-15-6	Sèvres (r. de)......	r. du Cherche-Midi...	ch. de r. de Vaugirard.
9-8	Sèze (r. de).......	r. Basse-du-Rempart..	pl. de la Madeleine.
10	Sibour (r.)........	r. du Faub.-St-Martin..	boul. de Strasbourg.
18	Simart (r.)........	r. Labat..........	r. Marcadet.
4	Simon-le-Fr. (r.)....	r. du Temple.......	r. du Poirier.
16	Singer (r.)........	r. Basse..........	r. de Boulainvilliers.
4	Singes (r. des-)....	r. Ste-Croix-de-la-Br...	r. des Blancs-Mant.
17	Soffroy (r.).......	av. de Clichy.......	les champs.
19	Soissons (r. de)....	r. de Flandre......	q. de la Seine.
8	Soleil d'Or (pas. du)	r. de la Pépinière.....	r. Delaborde.
19	Solitaires (r. des)...	r. de Beaune.......	r. de la Villette.
2	Soly (r.).........	r. de la Jussienne.....	r. des Vieux-Augustins
5	Sorbonne (pl.).....	r. Victor-Cousin.....	b. St-Michel.
5	Sorbonne (r.)......	r. des Mathurins.....	pl. Sorbonne.
5	Soufflot (r.)......	pl. Ste-Geneviève.....	r. d'Enfer.
12	Soulages (r.)......	q. de Bercy........	r. de Bercy.
12	Soult (boul.)......	cours de Vincennes...	av. Daumesnil.

DICTIONNAIRE DES RUES.

ARR.	VOIES PUBLIQUES.	TENANTS.	ABOUTISSANTS.
20	Soupirs (pass. des)..	r. de la Chine......	r. Puébla.
16	Source (r. de la) ...	r. de la Croix....	r. des Vignes.
1	Sourdière (r. de la)..	r. St-Honoré.......	r. de la Corderie.
3	Sourdis (r.)	r. Charlot.........	r. d'Anjou.
16	Spontini (r.)........	av. de l'Impératrice...	r. de la Tour.
6	Stanislas (r.).......	r. N.-D.-des-Champs ..	b. Montparnasse.
8	Stockholm (r.).......	r. de Vienne.......	r. de Londres.
10	Strasbourg (b. de)...	b. St-Denis.........	r. de Strasbourg.
10	Strasbourg (r. de)...	faub.-St-Martin......	faub.-St-Denis.
16	Suchet (boul.).......	porte Muette.........	porte d'Auteuil.
7-15	Suffren (av.)........	q. d'Orsay..........	av. de Lowendal.
6	Suger (r.)..........	pl. St-André-des-Arts..	r. de l'Eperon.
4	Sully (r. de)........	r. de Schomberg.....	b. Morland.
8	Surène (r. de).......	pl. de la Madeleine...	r. des Saussaies.
4	**T**acherie (r. de la)..	q. le Pelletier...	r. de Rivoli.
4	Taille-Pain (r.)......	r. du Cloître-St-Merri..	r. Brisemiche.
11	Taillebourg (av.)....	pl. du Trône........	ch. de r. de Vincenn.
9	Taitbout (r.)........	b. des Italiens	r. d'Aumale.
16	Talma (r.)..........	Bois-le-Vent........	r. Singer.
19	Tanger (r.).........	b. de la Villette......	r. de l'Isly.
6	Taranne (r.)........	r. de l'Egout........	r. des Saints-Pères.
17	Tarbé (r.)..........	r. de la Santé......	r. Cardinet.
8	Téhéran (r. du)....	boul. Haussmann.....	r. de Valois.
20	Télégraphe (r. du)...	St-Fargeau.........	r. du Parc.
18	Télégraphe (r. du)..	r. Léonie..........	r. Berthe.
16	Télégraphe (r. du)...	b. de Passy.........	av. de St-Denis.
3-11	Temple (b. du).....	r. des Filles-du-Calv...	r. du Temple.
4-3	Temple (r. du).....	r. de Rivoli.........	b. St-Martin.
10-11	Temple (Faub.).....	r. du Temple........	ch. de r. de Belleville
3	Temple (sq. du)....	r. du Temple........	r. de Bretagne.
11	Ternaux (r.)........	r. Popincourt.......	r. Jacquard.
17	Ternes (av. des)....	b. de l'Etoile........	fortifications.
17	Terrasse (r. de).....	r. de Lévis.........	b. de Malesherbes.
12	Terres-Fortes (r. d.).	b. de la Contrescarpe...	r. Moreau.
11	Terrier-aux-Lap. (r.).	r. du Château-du-M...	pass. Léonidas.
18	Tertre (pl. du)......	r. St-Denis..........	r. du Calvaire.
18	Théâtre (av. du)....	r. des Acacias.	
15	Théâtre (r. du).....	q. de Grenelle........	r. de la Croix-Nivert.
14	Théâtre (r. du)	r. de la Gaîté.......	ch. du Maine.
5	Thénard (r.)........	r. des Noyers.......	r. des Ecoles.
1	Thérèse (r.)........	r. Ste-Anne.........	r. Ventadour.
5	Thermes (sq. des)...	q. St-Germain.......	r. des Mathurins.
14	Thermopyles (pass.)..	r. du Ch.-des-Plantes..	r. de Vanves.
2	Thévenot (r.).......	r. St-Denis.........	r. des Petits-Carreaux.
14	Thibaud (r.)........	r. d'Orléans.........	ch. du Maine.
13	Thiboumery (r.)....	ch. des Tournelles....	r. du Haut-Transit.
19	Thierry (r.)........	r. St-Denis.........	r. des Prés.
19	Thionville (r. de)....	r. de Marseille......	Villette (anc.).
18	Tholozé (r.)........	r. de la Cure.......	r. de l'Empereur.
3	Thorigny (r. de)....	r. de la Perle.......	r. des Cout.-St-Gerv.
5	Thouin (r.).........	r. des Fossés-St-Victor.	r. N. de l'Estrapade.
13	Tiers (r.)..........	r. Gérard...........	r. Butte-aux-Cailles.
18	Tilleuls (av. des)....	r. de l'Empereur.....	Montmartre (anc.).
16	Tilsitt (r. de).......	av. des Ch.-Elysées...	av. de Wagram.
15	Tiphaine (r.)........	r. du Commerce......	r. Violet.
2	Tiquetonne (r.).....	r. Montorgueil.......	r. Montmartre.
1	Tirechape (r.)......	r. St-Antoine........	r. St-Honoré.
4	Tiron (r.)..........	r. de Rivoli.........	r. du Roi-de-Sicile.
13	Titien (r.)..........	r. du Banquier......	b. de l'Hôpital.
9	Tivoli (pass. de)....	r. St-Lazare........	r. de Londres.
9	Tivoli (r. de).......	r. de Clichy........	r. de Londres.
11	Tombe-Issoire (r. de)	b. d'Arcueil.........	anc. route d'Orléans.
1	Tonnellerie (r. de la).	r. St-Honoré........	r. de Rambuteau.
5	Toullier (r.)........	r. Gerson..........	r. des Cordiers.
	Tour (r. de la).....	carr. de la Montagne..	Passy (anc.).

ARR.	VOIES PUBLIQUES.	TENANTS.	ABOUTISSANTS.
9	Tour-des-Dames (r.).	r. la Rochefoucauld....	r. Blanche.
20	Tourelles (r. des)....	r. de Vincennes.......	Belleville (anc.).
18	Tourlaque (r.).......	r. Lepic...........	r. de Maistre.
5	Tournelle (q. de la)..	b. S¹-Germain........	q. de Montebello.
3-4	Tournelles (r. des)..	r. S¹-Antoine........	b. Beaumarchais.
6	Tournon (r. de)....	r. S¹-Sulpice........	r. de Vaugirard.
18	Tourtagne (r.).......	r. Fondary....	r. des Dames.
20	Tourtille (r. de).....	r. Napoléon.......	r. du Théâtre.
7	Tourville (av. de)...	b. des Invalides......	r. de Paris.
6	Toustain (r.)........	r. de Seine..........	av. de la Motte-Piq.
2	Tracy (r. de).......	b. d'Italie..........	r. Félibien.
18	Traînée (r.)........	pl. du Tertre........	r. S¹-Denis.
16	Traktir (r.)........	r. Lauriston........	av. de l'Impératrice.
15	Transit (r. du).....	pourtour de l'Église...	r. de la Croix-Nivert.
14-15	Transit (r. du).....	r. des Vignes.......	Vaugirard (anc.)
7	Traverse (r.).......	r. Oudinot.........	r. de Sèvres.
12	Traversière (r.).....	q. de la Râpée......	r. du Faub.-S¹-Antoine.
5	Traversine (r.).....	r. d'Arras.........	r. Montagne-S¹⁰-Gen.
9	Trévise (r. de).....	r. Bergère.........	r. Bleue.
9	Trévise (cité de)...	r. Richer..........	r. Bleue.
17	Trézel (r.)........	av. de Clichy......	r. S¹⁰-Elisabeth.
2	Trinité (pas. de la).	r. de Palestro......	r. S¹-Denis.
9	Trinité (r. de la)...	r. Blanche........	r. de Clicgy.
5	Triperet (r.).......	r. de la Clef.......	r. Gracieuse.
11	Trois-Bornes (r. des).	r. Folie-Méricourt....	r. S¹-Maur.
12	Trois-Chandelles ...	r. Montgallet.......	r. des Quatre-Chem.
20	Trois-Communes....	r. de Paris........	porte de Romainville.
13	Trois-Couronnes S. M	r. Mouffetard.......	r. S¹-Hippolyte.
11	Trois-Couronn. du T.	r. S¹-Maur........	boul. de Belleville.
18	Trois-Frères (r.)....	r. Léonie.........	r. Tholozé.
1	Trois-Maries (pl. des).	r. de l'École.......	r. de la Monnaie.
3	Trois-Pavillons	r. des Francs-Bourgeois.	r. du Parc-Royal.
5	Trois-Portes........	pl. Maubert........	r. de l'Hôtel-Colbert.
14	Trois-Sœurs........	r. Deprez.........	r. de la Procession.
8	Tronchet (r.).......	pl. de la Madeleine..	r. Neuve-des-Math.
11-12	Trône (pl. du).....	r. du Faub.-S¹-Antoine.	av. du Trône.
9	Trudaine (av.).....	r. Rochechouart.....	r. des Martyrs.
17	Truffault (r.).......	av. de Boulainvilliers..	r. Cardinet.
1	Tuileries (q. des)...	q. du Louvre.......	pl. de la Concorde.
2-3	Turbigo (r. de).....	r. S¹-Denis........	r. du Temple.
4-3	Turenne (r. de).....	r. S¹-Antoine.......	r. Charlot.
9	Turgot (r.)........	r. Rochechouart.....	av. Trudaine.
8	Turin (r. de).......	r. de Berlin........	ch. de r. de Clichy.
5	**U**lm (r. d')........	pl. S¹⁰-Geneviève.....	r. des Feuillantines.
7	Université (r. de l')..	r. des Saints-Pères...	av. de la Bourdonn.
5	Ursulines (r. des)...	r. d'Ulm..........	r. S¹-Jacques.
7	**V**aladon (r.).......	r. de Grenelle-S¹-G....	r. du Champ-de-Mars.
5	Val-de-Grâce(r. du)..	r. S¹-Jacques......	r. de l'Est.
5	Valence (r. de).....	r. Mouffetard.......	r. Pascal.
18	Valence (r. de).....	r. des Cinq-Moulins...	r. d'Alger.
10	Valenciennes(pl. d.)..	b. de Magenta......	r. de Lafayette.
10	Valenciennes (r. de)..	r. de S¹-Quentin.....	b. de Magenta.
10	Valmy (q. de).....	r. d'Angoulême.....	ch. de r. de Pantin.
8	Valois-du-R. (r.)....	r. de Courcelles.....	r. du Rocher.
1	Valois-P.-Royal (r.)..	r. S¹-Honoré......	r. de Beaujolais.
14	Vandamme (r.).....	r. de la Gaîté......	r. du Chemin-de-Fer.
14	Vandal (r.).......	r. de Vanves......	boul. Brune.
13	Vandrezanne (r.)....	r. de Fontainebleau...	r. de la Butte-aux-C.
7	Vanneau (r.).......	r. de Varenne......	r. de Sèvres.
1	Vannes (r. de)....	r. de Viarmes......	r. des Deux-Ecus.
14	Vanves (r. de)....	ch. du Maine.......	boul. Brune.
7	Varenne (r. de).....	r. de la Chaise......	b. des Invalides.
7	Vauban (pl. de)....	av. de Tourville.....	av. de Ségur.
3	Vaucanson (r.).....	r. Conté et de Breteuil.	r. du Vertbois.

ARR.	VOIES PUBLIQUES.	TENANTS.	ABOUTISSANTS.
15	Vaugelas (r.)........	r. Olivier de Serres....	r. Lacretelle.
6-15	Vaugirard (r. de)...	r. Monsieur-le-Prince..	ch. de r. d. Fourn.
15	Vaugirard (b. de)...	Gr.-r. de Vaugirard....	r. de Sèvres.
5	Vauquelin (r.)......	r. des Postes.........	r. des Feuillantines.
1	Vauvilliers (r.).....	r. S¹-Honoré.........	r. Viarme.
16	Vavin (av.).........	r. Vavin.............	r. de l'Ouest.
6	Vavin (r.)..........	r. de l'Ouest.........	b. Montparnasse.
5	Veaux (pl. aux).....	r. de Poissy.........	r. de Pontoise.
1	Vendôme (pl.)......	r. S¹-Honoré.........	r. N⁻-des-Capucines.
3	Vendôme (pass.)....	r. Vendôme..........	b. du Temple.
4	Venise (r. de)......	r. Beaubourg.........	r. Quincampoix.
1	Ventadour (r.)......	r. Thérèse...........	r. N⁻-des-Pet.-Ch.
9	Verdeau (pass.).....	r. de la Gr.-Batelière..	r. Faub.-Montmartre.
16	Verderet (r.).......	pl. d'Aguesseau......	r. du Buis.
7	Verneuil (r. de)....	r. des Saints-Pères...	r. de Poitiers.
16	Vernet (r.).........	r. de Chaillot........	r. de Presbourg.
17	Vernier (r.)........	r. de la Chaumière...	r. de la Révolte.
1	Véro-Dodat (pass.)..	r. de Grenelle........	r. du Bouloi.
18	Véron (r.)..........	r. des Beaux-Arts....	r. Lepic.
4	Verrerie (r. de la)..	pl. du Marché-S¹-Jean..	r. S¹-Martin.
5	Vertbois (r. du).....	r. du Temple.........	r. S¹-Martin.
3	Vertus (r. des)......	r. des Gravilliers.....	r. Phélipeaux.
15	Viala (r.)..........	b. de Javel..........	r. de l'Entrepôt.
1	Viarmes (r. de)....	entourant la Halle au	blé.
10	Vicq d'Azyr (r.)....	r. Grange-aux-Belles..	ch. de la Chopinette
9	Victoire (r. de la)...	r. du Faub.-Montm....	r. Joubert.
1-2	Victoires (pl. des)...	r. Cr.-des-Pet.-Ch.....	r. Pagevin.
15	Victor (boul.)......	porte de Versailles....	porte de Meudon.
5	Victor Cousin (r.)...	r. Gerson............	r. Soufflot.
4	Victoria (av.).......	pl. de l'Hôtel-de-Ville..	r. des Lavandières.
2	Vide-Gousset (r.)....	pl. des Victoires.....	r. des Petits-Pères.
5	Vielle-Estrapade (r.).	r. Blainville.........	r. des Postes.
5	Vieille-Notre-Dame..	r. Censier...........	r. Daubenton.
4	Vieille-du-Temple...	r. Saint-Antoine......	r. des Filles-du-Calv.
20	Vieille-Rue Montreuil	Gr.-Rue de Montreuil..	b. Davoust.
4	Vieilles-Étuves-S¹-M..	r. Beaubourg.........	r. Saint-Martin.
8	Vieilles-Haudriettes.	r. du Chaume........	r. du Temple.
3	Vienne (r. de)......	r. du Rocher.........	pl. d'Europe.
7	Vierge (r. de la)....	q. d'Orsay...........	r. S¹-Dominique.
1-2	Vieux-Augustins (r.).	r. Coquillière........	r. Montmartre.
18	Vieux-Chemin (r.du)	r. de l'Abbaye.......	r. Traînée.
6	Vieux-Colombier (r.).	pl. Saint-Sulpice.....	r. Cherche-Midi.
3	Vieux-Marché (pl.du)	marché S¹-Martin.....	r. Réaumur.
5	Vignes (pas. des)...	r. des Postes.........	r. du Rateau.
16	Vignes (r. des)......	r. Neuve-Boileau.....	r. de la Source.
18	Vignes (r. des).....	ch. de fer de ceinture.	boul. Ney.
20	Vilin (r.)..........	r. des Couronnes.....	r. des Envierges.
7	Villars (av. de)....	pl. de Vauban........	r. d'Estrées.
1	Villedo (r.)	r. de Richelieu.......	r. S¹⁻Anne.
3	Villehardouin (r.)...	r. S¹-Gilles..........	r. de Turenne.
15	Villejuif (r. de)....	r. Pinel.............	r. de la B.-des-Gobel.
16	Villejust (r. de)....	b. du Roi-de-Rome....	av. de S¹-Denis.
19	Villette (b. de la)..	r. du Faub.-S¹-Martin..	r. de Château-Landon.
17	Villiers (r. de)....	av. des Ternes.......	fortifications.
12	Villiot (r.).........	q. de la Râpée.......	r. de Bercy.
10	Vinaigriers (r. des)..	r. de Marseille.......	r. du Faub.-S¹-Martin.
10-12	Vincenn. (cours de)..	boul. de Picpus......	porte de Vincennes.
19	Vincent (r.)........	r. de Paris..........	r. S¹-Laurent.
18	Vincent-Compoint(r.)	r. du Poteau.........	r. Cloys.
1	Vindé (cité)........	b. de la Madeleine.	
16	Vineuse (r.)........	b. de Longchamp.....	carref. de la Mont.
1	Vingt-neuf-Juillet (r.)	r. de Rivoli..........	r. S¹-Honoré.
9	Vintimille (pl. de)..	r. de Vintimille......	r. de Douai.
9	Vintimille (r. de)...	r. de Clichy.........	pl. de Vintimille.
10	Violet (pass.)......	r. d'Hauteville.......	r. du Faub.-Poissonn.
15	Violet (r.)...	b. de Grenelle........	pl. Violet.

ARR.	VOIES PUBLIQUES.	TENANTS.	ABOUTISSANTS.
16	Virgile (r.)..........	r. de la Pompe........	r. du Petit-Parc.
15	Virginie (r.).........	r. de Javel..........	r. St-Paul.
18	Virginie (r.)........	b. Rochechouart......	pl. St-Pierre.
6	Visconti (r)........	r. de Seine..........	r. Bonaparte.
7	Visitat.-Ste-Marie (r.)	pass. Ste-Marie......	r. de Grenelle.
16	Vital (r.)	Gr.-r. de Passy......	r. des Carrières.
20	Vitruve (r.)........	pl. de la Réunion.....	r. St-Germain.
2	Vivienne (r.)......	r. Neuve-des-Pet.-Ch..	b. Montmartre.
2	Vivienne (galer.)....	r. Neuve-des-Pet.-Ch...	r. Vivienne.
14	Voie-Verte (r. de la)	r. de la Tombe-Issoire.	boul. Jourdan.
5	Volta (r.)...........	r. au Maire..........	r. N.-D. de Nazareth.
7	Voltaire (q.)........	r. des Saints-Pères....	r. du Bac.
16	Voltaire (imp.)......	av. Despréaux........	av. Molière.
3-4	Vosges (r. des).....	boul. Beaumarchais...	r. de Turenne.
18	Vosges (r. des).....	r. des Poissonniers....	les champs.
12	Voûte-du-Cours (r.).	boul. Soult..........	av. Daumesnil.
8-17	**W**agram (av.)......	Rond-Point de l'Etoile.	boul. Malesherbes.
5-13	Walhubert (pl.).....	pont d'Austerlitz......	boul. de l'Hôpital.
13	Watt (r.)...........	r. du Chevaleret......	r. de la Gare.
10	Wauxhall (cité du)..	r. du Château-d'Eau...	r. des Marais.
16	Wilhelm (r.)........	route de Versailles....	ruelle du Roc.
15	**X**aintrailles (r.)....	r. de la Croix-Rouge..	pl. Jeanne-d'Arc.
12	**Y**onne (r. de l').....	port de Bercy........	r. de Bercy.
15	Yvart (r.)..........	r. des Tournelles......	imp. Fondary.
5	**Z**acharie (r.)........	q. St-Michel.........	r. St-Séverin.

RUES NOUVELLEMENT DÉNOMMÉES (décrets des 19-24 août 1864, 2 octobre 1865)

ANCIENS NOMS.	NOUVEAUX NOMS.
Neuve-Orléans	Ducouëdic.
— Pépinière	Fermat.
— Pigalle	Germain-Pilon.
— Poirée	Toullier.
— Procession	Decrès.
— Saint-Denis	Blondel.
— Saint-Eustache	Aboukir.
— Saint-François	Debelleyme.
— Ste-Geneviève	Tournefort.
— Saint-Jacques	Hallé.
— Saint-Paul	Charles V.
— Saint-Pierre	Villehardouin.
— Strasbourg	Pajol.
— Véron	Audran.
Notre-Dame Batign	Brochant.
— Passy	Desbordes-Valmore.
— Vaugirard	Desnouettes.
Orléans-Batignolles	Legendre.
— Saint-Marcel	Daubenton.
Ormeaux	Bouvines.
Ormes-Charonne	Auger.
Pantin	Haxo.
Parc-Vaugirard	Beuret.
Passy	Poisson.
Pavée-St-And.-des-A	Séguier.
Percier	Mansart.
Périgueux	Debelleyme.
Petit-Parc	Spontini, Pergolèse.
Petite-Fontaine	Dangeau.
Petits-Champs-St-Mar	Brantôme.
Petite rue du Bac	Dupin.
— Chevert	Bougainville.
— Egl.-Batign	Mariotte.
— Fontarabie	Galleron.
— Procession	La Quintinie.
— Reuilly	Erard.
— Royale	Houdon.
— Taranne	Bernard-Palissy.
— Tournelle	Marmontel.
Planchette	Biscornet.
Planchettes	Bellini.
Plâtre St-Jacques	Domat.
Poirées	Gerson, Restaut.
Pompe	Bouchardon.
Pont	Linois.
Pourtour St-Gervais	François-Miron.
Puteaux	D'Arcet.
Ranelagh	Raphaël.
Réunion-Auteuil	Jouvenet.
Roc	Berton.
Rossini	Ingres.
Royale St-Antoine	Birague.
Sablonnière	Péclet.
Saint-André-Passy	Cimarosa.
— Ange	Lesueur.
Ste-Anne	Perrus.
Saint-Antoine	François-Miron.
— Charles-Batign	Bridaine.
— Ternes	Vernier.
— Claude-Batign	Galvani.
— Be-Nouv	Chénier.

ANCIENS NOMS.	NOUVEAUX NOMS.
Saint-Denis	Malakoff.
— — Belleville	Compans.
Ste-Elisabeth-Batign	Davy.
Saint-Etienne-Batign	Dulong.
— — Grès	Cujas.
— Fiacre	Miollis.
Ste-Geneviève	Keppler.
Saint-Georges	Delaroche.
— Germain-Batign	Berzelius.
— Guillaume	Perronnet.
— Hyac.-St-Michel	Paillet.
— Jean Gros-Cail	Nicot.
— — Montm	Cortot.
— Laurent-Bellev	Rebeval.
— Louis-Batign	Nollet.
— — Marais	Turenne.
Ste-Marg.-St-Germain	Gozlin.
Ste-Marie-Batignolles	Lamandé.
— — Montrouge	Lalande.
— — St-Germain	Allent.
Saint-Mich.-du-Roule	Rigny.
— Nicolas-Vaugir	Bausset.
— Pierre-Montr	Danville.
— — Passy	Nicolo.
— Victor	Linné.
Santé-Vaugirard	Saussure.
— Montrouge	Hallé.
Seine-Auteuil	Wilhem.
— Passy	Berton.
Sèvres	Lecourbe.
Strasbourg-Chapelle	Pajol.
Théâtre-Belleville	Lesage.
— Grenelle	Quinault.
— Montmartre	Dancourt.
— Montrouge	Vandamme.
Tour-du-Temple	Rampon.
Tournelles (R. P. des)	Alleray (pl.).
— Chapelle	Riquet.
— Passy	David, Alleray.
— Vaugirard	Vaugelas, Oliv. Serres.
— (Chemin des)	Yvart.
Traversière-Grenelle	Héricart.
Triomphes	Taillebourg.
Triperie	Combes.
Trois-Frères	Roussin.
Tuilerie	La Fontaine.
Val-Ste-Catherine	Turenne.
Valenciennes	Curial.
Varennes-St-Honoré	Sauval.
Vendôme	Béranger.
Versailles	Fresnel.
Vieille route de Sèvr	Lemarrois.
Vieilles-Etuves	Sauval.
Vierge-Vaugirard	Roussin.
Vignes	Vernet.
— St-Marcel	Rubens.
— Vaugirard	Dombasle.
Ville-l'Evêque	Cambacérès, Argenson
Villette	Hautpoul.
Vinaigriers-Montm	Christiani.
Vincennes	Haxo, Daumesnil.
Vitry	Patay.
Voltaire	Casimir-Delavigne.

Voir à chacun des noms **nouveaux**, dans le Dictionnaire, les tenants et aboutissants de ces diverses rues.

LES GRANDS DICTIONNAIRES

DE LA

Librairie CH. DELAGRAVE et Cie, éditeurs

ENCYCLOPÉDIE NOUVELLE

Divisée en Dictionnaires spéciaux, la plupart illustrés, dont il est donné description dans les pages suivantes.

SAVOIR :

Dictionnaire général des SCIENCES théoriques et appliquées, par MM. Privat-Deschanel et Ad. Focillon. 2 forts vol. illustrés, 30 fr.

Dictionnaire général des LETTRES, BEAUX-ARTS, sciences morales et politiques, par MM. Bachelet et Ch. Dezobry. 1 ou 2 vol. à volonté, avec figures, 25 fr.

Dictionnaire général de BIOGRAPHIE, d'HISTOIRE, de GÉOGRAPHIE ancienne et moderne, de mythologie, des institutions, etc., par MM. Ch. Dezobry et Th. Bachelet. 2 forts vol., 25 fr.

Dictionnaire de CHIMIE INDUSTRIELLE (procédés de fabrication, inventions, découvertes récentes, produits et ressources de l'industrie manufacturière), par MM. Barreswil et A. Girard. 5 vol. illustrés, 25 fr.

Dictionnaire de l'ART ÉPISTOLAIRE français, avec des conseils et des préceptes sur chaque genre, par M. Ch. Dezobry. 1 vol., 15 fr.

Dictionnaire universel d'HISTOIRE NATURELLE (zoologie, botanique, minéralogie, géologie, chimie et physique générale), par Ch. d'Orbigny, avec atlas de plus de 300 planches coloriées. Nouvelle édition, *paraissant par livraisons de 24 à 32 pages, à 1 franc, ou par séries de 5 livraisons, à 5 francs.*

Dictionnaire général des PÊCHES (La Pêche et les Poissons), par M. H. de la Blanchère, avec illustrations dessinées et coloriées par A. Mesnel, *paraissant par livraisons de 2 feuilles, à 1 franc.*

LE LIVRE DE LA FERME et des maisons de campagne (véritable Dictionnaire de la grande et de la petite culture, de l'élevage, de l'économie rurale, de l'hygiène et de la vie agricole), par M. P. Joigneaux. 2 forts vol. illustrés, 32 fr.

PARIS. — IMP. SIMON RAÇON ET COMP., RUE D'ERFURTH.

www.ingramcontent.com/pod-product-compliance
Lightning Source LLC
Chambersburg PA
CBHW060519050426
42451CB00009B/1058